Ansha

Wahrsagen

Ansha

Wahrsagen

Ansata **Basics**

Ansata Verlag
Ansata ist ein Verlag der Verlagsgruppe
Random House GmbH

ISBN-10: 3-7787-7303-8
ISBN-13: 978-3-7787-7303-1

1. Auflage 2006

Unter Mitarbeit von Walter-Jörg Langbein
Illustrationen: Reinert und Partner Werbedesign, München
Einbandgestaltung: Hauptmann und Kompanie
Werbeagentur, München – Zürich
unter Verwendung eines Fotos von © Steven Hunt/Getty-Images
Herstellung: Helga Schörnig
Satz: C. Schaber Datentechnik, Wels
Druck und Bindung: Westermann Druck Zwickau GmbH

Inhalt

Schicksal, Zufall und Vorsehung 6

Aus den Tiefen der Geschichte 10

Wahrsagen in der Bibel und in der christlichen Tradition 13
Berühmte Vorhersagen und wie sie sich erfüllt haben 19

Die vielen Gesichter der Wahrsagekunst 34

Wahrsagen in Trance 37
Wahrsagen im Traum 45
Astrologie in West und Ost 72
Bibelstechen und Münzwurf 96
Pendeln – eine verblüffend einfache Wahrsagemethode 97
I Ging – das Buch der Wandlungen 101
Geheimnis Tarot 129
Die verborgene Welt der Skatkarten 139
Die Macht der Runen 144
Sieht aus wie ... – Bleigießen und Kaffeesatzlesen 158
Numerologie – das Geheimnis der »eigenen« Zahl 161
Blutgruppe und Stirnlinien – der Körper als Orakel 180
Chiromantie – die Zukunft aus der Hand lesen 184

Wahrsagen und das wahre Glück 200

Ihre ganz persönliche Praxis 203
Eine neue Weltsicht 212

Literatur 221

Schicksal, Zufall und Vorsehung

Nach uralter Auffassung bringt der Zufall uns, was wir verdienen.

Welche Gedankenbilder tun sich vor Ihrem geistigen Auge auf, wenn Sie an den Begriff »Wahrsagen« denken? Sehen Sie eines jener unzähligen Zeitungsinserate, in denen Wahrsagerinnen Hilfe in allen Lebenslagen versprechen, gegen Bezahlung natürlich? Oder kommt Ihnen die exotisch gekleidete »Zigeunerin« in den Sinn, die in ihrer Kristallkugel den dicken Lottogewinn oder den lang ersehnten Liebespartner für Sie entdeckt?

Ist Wahrsagen für Sie etwas Fremdartiges, das im Gegensatz zu unserer christlich-abendländischen Kultur steht?

Und was verstehen Sie unter Zufall? Etwas, das Ihnen willkürlich und aus heiterem Himmel zustößt? Oder etwas, das Ihnen zufällt, weil es Ihnen zusteht?

Nach uralter Auffassung bringt der Zufall uns, was wir verdienen.

▶ Ein kleines Zufallsexperiment

Sie warten auf einen Freund, den Sie eingeladen haben, aber er kommt und kommt nicht. Nun befragen Sie ein simples Orakel. Sie sagen sich: Ich werfe eine Münze. Bei Kopf kommt er noch. Bei Zahl hat er die Einladung vergessen. Machen Sie das manchmal ... oder gar oft? Dann halten Sie doch bitte in einem Notizheftchen fest, wie oft das Münzorakel Ihnen die Wahrheit prophezeit hat. Wenn es in der Hälfte der Fälle richtig lag, dann entspricht das dem statistisch zu erwartenden Wert. Hat es öfter richtig prophezeit, als nach der Wahrscheinlichkeitsrechnung zu erwarten gewesen wäre, fällt Ihnen offenbar mehr zu als dem Durchschnittsmenschen. Doch um ein halbwegs aussagekräftiges Ergebnis zu erzielen, müssen Sie sehr viele Experimente dieser Art durchführen.

Aus den Tiefen der Geschichte

Der Wahrsagende kann nicht nur Informationen über seine Zukunft in Erfahrung bringen, er kann seine Zukunft auch gezielt beeinflussen.

ARISTOTELES (384–322 v. Chr.)

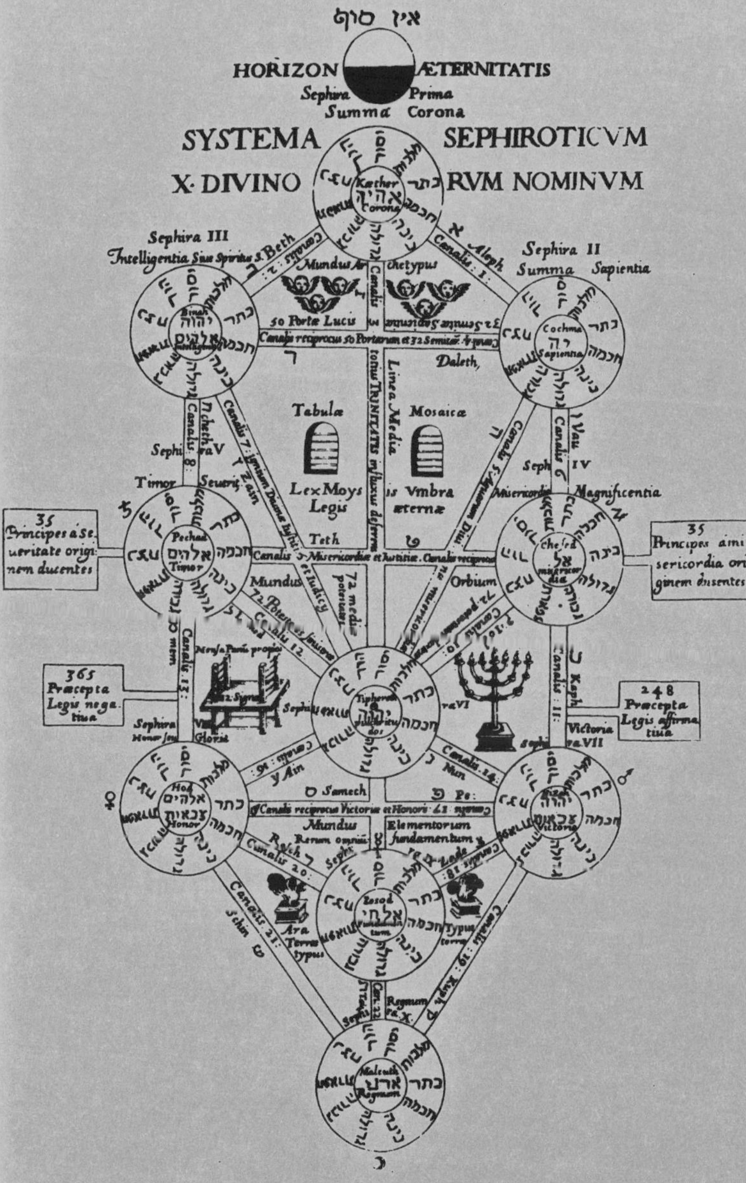

אין סוף
HORIZON ÆTERNITATIS
Sephira Prima
Summa Corona
SYSTEMA SEPHIROTICVM
X. DIVINORVM NOMINVM
Sephira III
Intelligentia Sius Spiritus
Sephira II
Summa Sapientia
Mundus Archetypus
50 Portæ Lucis
Tabulæ Mosaicæ
Lex Moysis Vmbra æternæ Legis
35 Principes a se ueritate originem ducentes
35 Principes a misericordia originem ducentes
365 Præcepta Legis negatiua
248 Præcepta Legis affirmatiua
Mundus Orbium
Mundus Elementorum
Ara Terræ typus

Wahrsagen in der Bibel und in der christlichen Tradition

Das Wahrsagen hat eine lange Tradition. In allen alten Hochkulturen wurde es eingesetzt, und aus der Bibel wissen wir, dass die Propheten schon vor Jahrhunderten eine sehr wichtige Rolle spielten. Sie galten als Sprecher Gottes, als Übermittler seiner Botschaften an die Menschen. Beispielsweise übermittelte Moses dem Volk Israel nach der Flucht aus der ägyptischen Sklaverei Gottes Gesetze als Grundlage ihres künftigen Lebens. Heute setzt man die Bezeichnung »Prophet« gern mit »Wahrsager« gleich. Doch die biblischen Propheten waren nicht in erster Linie Verkünder künftiger Ereignisse. Und wenn sie es doch waren, enthüllten sie keineswegs die Vision einer genau festgelegten Zukunft. Vielmehr schilderten sie mögliche zukünftige Ereignisse. Der freie Wille der Menschen wurde nicht eingeschränkt. Der Mensch selbst musste nach wie vor Entscheidungen treffen, sich in irgendeiner Weise verhalten und so sein Leben selbst bestimmen.

Das biblische Buch Jona schildert in anschaulicher Weise, was man sich unter dieser Vorausschau auf eine mögliche Zukunft vorzustellen hat. Jona prophezeit den Bewohnern von Ninive das Ende ihrer Stadt, aber nicht als unabwendbares Schicksal. Die Menschen haben es selbst in der Hand, ob die Vision Wirklichkeit wird oder nicht. Und da sie sich nach der ausgesprochenen Warnung Gott zuwenden, bleibt die Zerstörung der Stadt aus. Die Prophezeiung erfüllt sich nicht. Jona, der Prophet, ist empört, weil das von ihm vorhergesagte grausame Zukunftsbild nicht Wirklichkeit wurde. Fühlte er sich in seiner Ehre als »Wahrsager« verletzt? Wie Jona zu seiner Zukunftsschau kommt, verrät der Bibeltext nicht.

Anders verhält es sich bei Josef (1. Buch Mose, Kapitel 30, 35, 37 und 39–50). Schon im Kindesalter werden ihm, dem besonderen Liebling seines Vaters Jakob, in symbolträchtigen Träumen künftige Ereignisse gezeigt. Doch bei seinen Halbbrüdern macht er sich mit seiner prophetischen Gabe unbeliebt. Sie beschließen seinen Tod, verkaufen ihn dann aber »nur« in die Sklaverei. Mit einer Karawane gelangt Josef nach Ägypten. Dort steigt er, nachdem er alle Intrigen überstanden hat, zum zweitwichtigsten Mann im Lande auf, denn nur er kann die Träume des Pharaos als prophetische Visionen erkennen und interpretieren.

Die biblischen Geschichten um Jona und Josef verdeutlichen:

Nachdem etwas wahrgesagt wurde, sind die Menschen gefordert. Sie bestimmten durch ihr Handeln, ob eine Vision wahr wird oder nicht.

Die Bewohner von Ninive konnten das drohende Unheil abwenden. Und die Träume des Pharaos verwiesen auf eine nahende Hungersnot und liefern die Lösung des Problems gleich mit: Lässt man in den sieben fetten Jahren Nahrungsmittelvorräte anlegen, so ist für die dürren Jahre vorgesorgt. Die Ägypter mussten keinen Hunger leiden.

▶ Erspüren Sie Ihre Möglichkeiten!

Sorgen Sie dafür, dass Sie ein paar Minuten lang nicht gestört werden können. Setzen Sie sich entspannt hin und reflektieren Sie: Wie ist Ihr Leben bisher verlaufen? Haben Sie in letzter Zeit wichtige Entscheidungen getroffen? Oder stehen Entscheidungen an? Wie könnten diese Entscheidungen Ihr künftiges Leben beeinflussen? Stellen Sie sich bildlich vor, dass Sie an einer Kreuzung stehen. Viele Wege liegen vor Ihnen. Sie entscheiden nun, welchen Weg Sie einschlagen und wie es in Ihrem Leben weitergeht. Seien Sie mutig! Beweisen Sie Fantasie. Malen Sie sich die unterschiedlichsten Zukunftsszenarien aus. Erspüren Sie, wie Sie sich in dem einen oder anderen Geschehen fühlen würden. Sie wählen, welchen Weg Sie wie weitergehen werden.

Die frühen Christen bauten in ihrem noch jungen Glauben auf das Neue Testament. Und das ist voll von Prophezeiungen. Maria erfährt durch eine göttliche Prophezeiung, die ihr der Engel Gabriel übermittelt, dass sie Jesus gebären wird (Evangelium nach Lukas, Kapitel 1, Verse 30–33). Im zweiten Kapitel des Evangeliums nach Matthäus lesen wir, dass Caspar, Melchior und Balthasar, die drei Weisen (Astrologen) aus dem Morgenland, König Herodes ihre Aufwartung machen und ihm berichten, dass sie den neugeborenen König der Juden suchen. Herodes wird hellhörig und beschließt, das Baby töten zu lassen. Scheinheilig bittet er die Weisen, ihm – sollten sie mit ihrer Suche fündig werden – den genauen Geburtsort des Messias mitzuteilen. Doch im Traum wird den drei Weisen gesagt, sie sollen nicht zu Herodes zurückkehren, um das Leben

Jesu nicht zu gefährden. Auch Joseph wird eine Traumvision zuteil: Herodes wird alle Kleinkinder abschlachten lassen. Die Heilige Familie flieht überstürzt nach Ägypten und das Jesus-Kind entgeht dem grausigen Mordkomplott. Eine weitere Traumvision veranlasst Joseph später, aus dem ägyptischen Exil in das Land Israel zurückzukehren. Herodes ist gestorben, von ihm geht keine Gefahr mehr aus. Doch auf dem Heimweg erreicht Joseph eine dritte »Wahrsagung« – wieder im Schlaf und wieder aus dem Mund eines Engels: nach Galiläa, nicht ins jüdische Land soll er mit seinen Lieben heimkehren. In Nazareth, so wird ihm offenbart, ist er sicher vor den Nachstellungen des Herodes-Sohnes Archelaus.

Wenn Sie das Neue Testament lesen, werden Sie feststellen, dass die Prophetie für die Evangelisten nichts Anrüchiges hat. Im Gegenteil: Immer wieder betonen sie, dass die in ihren Texten beschriebenen Ereignisse aus dem Leben Jesu bereits viele Jahrhunderte früher von Propheten vorhergesagt wurden. Im gesamten Leben Jesu, von seiner Geburt bis zu seinem Tod am Kreuz, sehen die Evangelisten die Erfüllung von Prophetenworten. Einige wenige Beispiele mögen genügen, um dies zu illustrieren. Evangelium nach Matthäus (Kapitel 1, Verse 22 und 23): »Dies ist aber geschehen, auf dass erfüllt würde, was der Herr durch den Propheten gesagt hat, der da spricht: Siehe eine Jungfrau wird schwanger sein und einen Sohn gebären, und sie werden seinen Namen Immanuel heißen, das ist verdeutscht ›Gott mit uns‹.« Oder (Kapitel 27, Vers 35): »Da sie ihn (Jesus) aber gekreuzigt hatten, teilten sie seine Kleider und warfen das Los darum, damit erfüllt werde, was gesagt ist durch den Propheten: Sie haben meine Kleider unter sich geteilt und haben über meinen Rock das Los geworfen.«

In der ersten Hälfte des ersten Jahrtausends nach Christus begann man zwischen bedeutungslosen, die Erlebnisse des Alltags reflektierenden Träumen und prophetischen Träumen zu unterscheiden. Der Bischof Synesios von Kyrene (etwa 370–413 n. Chr.) bemühte sich um eine nüchterne, fast wissenschaftliche Betrachtungsweise des Phänomens Traum, nach der man zwischen dem Geist und der Seele des Menschen unterscheiden muss.

Während der Mensch wach ist, sammelt der Geist Informationen. Doch wenn der Mensch schläft, erlangt die Seele ihre Freiheit und kann Einblick in die Zukunft nehmen.

Hildegard von Bingen (1098–1179 n. Chr.) sah die Traumprophetie als kostbaren Schatz an. Sie glaubte, dass die Seele dem schlafenden Menschen Erleuchtung schenkt und den Träumenden darüber hinaus in die Lage versetzt, seinen weiteren, noch in der Zukunft liegenden Lebensweg zu erkennen. So wie der Mond in der Nacht Licht auf einen Weg wirft, der sich im Dunkel verliert, erhellt die Seele Künftiges, während der Mensch schläft.

Auch Thomas von Aquin (etwa 1225–1274 n. Chr.) hatte keinerlei Zweifel daran, dass Träume prophetisch sein können. Da Träume von Gott geschickt werden – so seine Überzeugung –, hieße es doch, sich dem Willen Gottes zu widersetzen, würde man nicht versuchen, ihre Botschaften zu entschlüsseln. Denn dann würde man ja sein Ohr vor Gott selbst verschließen. Zudem war Thomas von Aquin der Ansicht, dass Träume die Zukunft beeinflussen können. Damit vertrat der christliche Kirchenlehrer eine These, die bereits der Philosoph Aristoteles (384–322 v. Chr.) gelehrt hatte:

Der Wahrsagende kann nicht nur Informationen über seine Zukunft in Erfahrung bringen. Er kann durch seine Träume auch seine Zukunft selbst gezielt beeinflussen.

▶ »Wahrsagen« Sie sich Ihre eigene Zukunft!

Ganz im Sinne von Thomas von Aquin können Sie Ihre Zukunft selbst gestalten, indem Sie sich abends vor dem Einschlafen vorstellen, wie Sie sich Ihr künftiges Leben wünschen. Sie möchten im Beruf anerkannt und befördert werden? Dann lassen Sie vor Ihrem geistigen Auge einen entsprechenden Film ablaufen: Sie betreten das Firmengebäude, streben Ihrem eigenen, geräumigen Büro zu, an dessen Tür auf einem glänzenden Messingschild Ihr Name und Ihr ersehnter »Rang« prangen. Oder: Sie möchten mehr Anerkennung von Ihren Vorgesetzten? Dann malen Sie sich aus, wie Ihr Chef Sie vor versammelter Mannschaft für Ihre herausragende Arbeit lobt. »Wahrsagen« Sie sich ganz konkret die Zukunft, die Sie sich erhoffen. Damit haben Sie schon den ersten Schritt getan, um Ihre Zukunft so zu gestalten, wie Sie

sie haben möchten. Und denken Sie daran: Ihre Gedankenbilder haben umso mehr Kraft, je konkreter Sie sie in Ihrer Fantasie gestalten!

Berühmte Vorhersagen und wie sie sich erfüllt haben

Nostradamus und die Französische Revolution

Nostradamus, eigentlich Michel de Notredame (1503–1566), studierte Medizin und machte in schlimmen Pestepidemien als furchtloser Arzt Furore. Unsterblich aber machten ihn seine vor rund einem halben Jahrtausend verfassten Prophezeiungen, die er in dichterischer Form niederlegte.

Seit Jahrhunderten sind Freunde wie Feinde des Nostradamus fasziniert von der unglaublichen Präzision, mit der er Ereignisse wahrsagte, die oftmals bis ins Detail exakt eintrafen.

Unzählige Werke über den Giganten unter den Propheten sind verfasst worden. Wenn Sie sich mit der Kunst des Wahrsagens auseinander setzen wollen, kommen Sie um Nostradamus nicht herum.

Wenn Nostradamus von einem »Wirbelwind« spricht, kann damit ein natürliches, also meteorologisches Phänomen gemeint sein. Nostradamus ist aber auch ein Meister der Symbole: Gern bezeichnet er eine Revolution, in der eine althergebrachte Ordnung durch Chaos ersetzt wird, sinnbildlich als »Wirbelwind«.

Am 13. Juli 1788 wurde Frankreich von einem gewaltigen Tornado heimgesucht. Zeitgenössischen Berichten kann man entnehmen, dass es sich um eines der schlimmsten Unwetter in der Geschichte Frankreichs handelte. Im »Großen Tornado von 1788« soll es Hagelkörner so groß wie Eicheln geregnet haben. Starke Wirbelstürme brausten durchs Land und hinterließen eine Spur der Verwüstung.

Auf den Tag genau ein Jahr später kam es zu einem politischen Wirbelsturm: Das mächtigste Symbol der alten französischen Ordnung wurde scheinbar mühelos gestürmt: die Bastille. Es war, als breche ein morsches System in sich zusammen, das auch mit brutaler Gewalt nicht mehr zu halten war. 235 Jahre vor diesen Ereignissen hatte der Wahrsager Nostradamus beide korrekt vorhergesagt, wenn auch in verschlüsselter Form: »Wenn die Sänfte umgestoßen wird vom Wirbelwind. Und die Gesichter bedeckt werden von ihren Mänteln. Wird die Republik von neuen Leuten gepeinigt. Dann werden die Weißen und die Roten falsch urteilen.« (I. Zenturie 38)

In der Sänfte kann man die selbstgefällige Monarchie sehen, die sich von ihren Knechten schleppen lässt. Der zweite Satz erscheint nur auf den ersten Blick unverständlich. Doch was bedeutet der Hinweis auf Gesichter, die von Mänteln bedeckt werden? Je weiter die Französische Revolution voranschritt, je größer der Zorn entbrannte, je mehr Grausamkeit statt Gerechtigkeit wirkte, desto mehr Arbeit gab es für die Henker. Die Guillotine wurde bis an die Grenzen ihrer

Belastbarkeit eingesetzt. Unzählige Adelige wurden geköpft. Ihre Häupter wurden vom Rumpf getrennt und fielen in einen Korb. Wenn der voll war, wurde er mit den Mänteln der Hingerichteten zugedeckt. Dann geschah genau das, was Nostradamus vorhergesagt hatte: Die Gesichter wurden bedeckt von ihren Mänteln.

Ein weiterer Text des Nostradamus kann ebenfalls auf die Französische Revolution hinweisen. In der I. Zenturie (57) lesen wir: »Durch große Zwietracht wird der Wirbelwind erzittern. Eintracht – zerstört. Erhebt das Haupt zum Himmel. Blutender Mund – wird im Blut schwimmen. Am Boden – sein in Milch und Honig gesalbtes Haupt!«

Nostradamus war alles andere als ein Revolutionär oder Demokrat. Er war und blieb ein Anhänger der Monarchie. Ein revolutionärer Umsturz war für ihn kein Befreiungsschlag, sondern ein Verbrechen am System. Für das revolutionäre System sah Nostradamus Streit, nicht Einigkeit voraus. So allgemein der Vierzeiler auch formuliert ist, er könnte sich dennoch sehr konkret auf die Hinrichtung Ludwig XVI. beziehen. Der Monarch bestieg die Guillotine am 21. Januar 1793.

Aus zeitgenössischen Berichten wissen wir, dass er am Ende seines Lebens in würdevoller Gelassenheit aus Psalm 3 zitierte: »Ach Herr, du bist meine Ehre und hebst mein Haupt für mich.« Auf eben diese Worte wies Nostradamus in seinem weissagenden Text hin. Nachdem das scharfe Messer der Guillotine Ludwig XVI. getötet hatte, ergriff der Henker das königliche Haupt und hielt es triumphierend empor. Viel

Blut floss, und die Menge applaudierte hohnlachend – trotz des schrecklichen Bildes, das sich ihr bot. Es sah so aus, als schwimme der Mund des toten Königs in Blut.

Unverständlich erscheint zunächst der Hinweis auf das mit »Milch und Honig« gesalbte Haupt, doch Historiker können ihn erklären: Ludwig XVI. wurde am 21. Januar 1774 zum König gesalbt, am Ehrentag der heiligen Agnes. Zeitgenössischen Berichten zufolge wurden für das feierliche Ritual Milch und Honig verwendet – so wie es Nostradamus bereits im 16. Jahrhundert vorhergesagt hatte.

Die Revolutionäre begnügten sich nicht damit, den König zu töten, auch Königin Marie-Antoinette wurde geköpft. Ihr Leben endete am 16. Oktober 1793, ebenfalls auf dem Schafott. Der Geliebten des Königs, Madame du Barry, erging es nicht anders: Am 22. Dezember folgte sie dem Königspaar in den Tod. Und was geschah mit Ludwig XVII., dem Sohn des Monarchen? Er wurde ins Gefängnis geworfen und von seinen Wärtern gepeinigt. Das Kind starb. Bei Nostradamus heißt es in der IX. Zenturie (77): »Das gefangene Land wird den König in Bedrängnis führen. Die eingekerkerte Dame in den Tod geschickt, dem Schicksal versprochen. Sie werden dem Sohn des Königs das Leben verweigern. Und die Prostituierte wird dem Schicksal des Gatten folgen.«

Aus Sicht des königstreuen Nostradamus würde Jahrhunderte nach dem Tod des Propheten das Land in die Gefangenschaft der Revolution geraten. Der Königssohn würde bedrängt, nicht hingerichtet werden. Die Geliebte des Königs würde ebenso dem Henker zum Opfer fallen.

▶ Experimentieren Sie à la Nostradamus

Nostradamus hat sich, so heißt es, bei Nacht auf eine Dachterrasse zurückgezogen. Er setzte sich vor eine mit Wasser gefüllte Schale und ließ das Bild, welches das Wasser vom Mond und den Sternen widerspiegelte, auf sich wirken. So beruhigte er seine Sinne, konzentrierte sich auf sein Innerstes und drängte störende äußere Einflüsse zurück. So hatte seine Intuition die Chance, sich vernehmbar zu machen, ja »sichtbar« zu werden.

In unseren Tagen lässt sich die Methode des Nostradamus kaum eins zu eins umsetzen. Wo haben Sie schon Gelegenheit, das Abbild der Sterne auf dem Wasserspiegel einer Schale zu betrachten? Fast überall produzieren Straßenlaternen, Reklameschilder, Hausbeleuchtungen und Autoscheinwerfer zu viel störendes Licht. Und dennoch können Sie Experimente à la Nostradamus durchführen. Wichtig ist lediglich, dass Sie ein spiegelndes »Objekt« benutzen. Die Oberfläche von Wasser in einer Schale erfüllt den gleichen Zweck wie ein sauber polierter Spiegel oder eine Kristallkugel. Für welches Hilfsmittel Sie sich entscheiden, liegt ganz bei Ihnen.

Setzen Sie sich in einen stillen, abgedunkelten Raum an einen Tisch. Vor Ihnen steht eine Schale mit Wasser, in der sich eine schwache, auf keinen Fall grelle Lichtquelle (Lampe an der Decke) spiegelt. Oder Sie experimentieren mit einer Kristallkugel, die für viele Menschen das Symbol für die Kunst des Hellsehens ist. Alternativ können Sie auch eine glatte, kugelrunde Glasvase oder ein kugelrundes Miniaquarium verwenden. Füllen Sie die Vase oder das Aquarium bis zum Rand mit Wasser. Legen Sie dann ein großes Stück Samt auf einen Tisch und stellen Sie die »Kugel« darauf. Auf diese Weise vermeiden Sie störende Reflexionen. Verdunkeln Sie den Raum, zünden Sie eine Kerze an und positionieren Sie sie so, dass ihr Schein über Ihre Schulter hinweg auf die Kugel fällt.

Oder Sie experimentieren mit einem Spiegel. Setzen Sie sich in einem abgedunkelten Raum vor einen möglichst großen Spiegel. Auch hier ist eine schwache Lichtquelle hilfreich.

Eine weitere Alternative wäre eine Glasflasche, die Sie mit Wasser füllen. Sie legen ein Stück Samt auf einen Tisch. Darauf stellen Sie die Flasche. Links und rechts von der Flasche positionieren Sie je eine Kerze.

Sie können also eine mit Wasser gefüllte Schale oder eine Kristallkugel verwenden oder einen Spiegel oder eine mit Wasser gefüllte Flasche oder einen dicken gläsernen Briefbeschwerer – wichtig ist, dass Sie etwas Reflektierendes nehmen. Finden Sie heraus, was Ihnen am angenehmsten ist, und probieren Sie auch aus, in welcher Atmosphäre Sie sich beim Wahrsagen à la Nostradamus am wohlsten fühlen: im völligen Dunkel, im Halbdunkel, bei Dämmerlicht? Taghell freilich sollte es nicht sein. Vielleicht möchten Sie eine Räucherkerze anzünden und/oder im Hintergrund dezent meditative Musik laufen lassen. Tun Sie alles, damit Sie sich wohl fühlen. Darauf hat natürlich auch Ihre Kleidung Einfluss. Ziehen Sie an, was bequem ist. Sie sollen frei atmen können und sich nicht eingeengt fühlen.

Setzen Sie sich nun vor Ihr »spiegelndes« Hilfsmittel, und zwar so, dass der Abstand zur Wasserfläche, zur Kristallkugel, zur Flasche oder zum Spiegel etwa dreißig bis fünfzig Zentimeter beträgt. Atmen Sie ruhig durch und versetzen Sie sich in eine leichte

Trance, während Sie auf die spiegelnde Fläche schauen. Schließen Sie die Augen.

Stellen Sie sich vor, dass Sie Ihr Zimmer durch eine Tür verlassen. Lassen Sie die Augen geschlossen. Sie kennen sich so gut aus, dass Sie »blind« Ihren Weg finden. Halten Sie kurz inne in Ihren Gedanken. Jetzt stehen Sie vor einer Treppe. Sie wissen, dass von hier aus zehn Stufen nach unten führen. Steigen Sie nun ganz bewusst Schritt für Schritt die Treppe hinunter. Sie zählen mit, während Sie Stufe für Stufe immer tiefer in den Keller gehen. Sie wissen: Am Ende der Treppe werden Sie einen Raum betreten, wo Sie alle Probleme der realen Welt ablegen können.

Wie sieht dieser Raum aus? Sie können ihn ganz nach Ihren Wünschen gestalten. Ist es eine stille Bibliothek mit kostbaren Folianten? Ist es eine wunderschöne Höhle mit glitzernden Kristallen an den Wänden? Ist es ein idyllischer Garten mit wunderschönen Blumen und einem leise plätschernden Springbrunnen? Oder Sie fantasieren sich einen Ort in einem Märchenwald mit nach Harz duftenden Baumstämmen und dicken Moospolstern.

Wie immer Sie diesen Raum der Ruhe auch gestalten, legen Sie Ihre Alltagsprobleme in ihm ab. Hier dürfen Sie frei sein. Hier müssen Sie sich nicht anderen Menschen zuliebe verstellen. Hier finden Sie kostbare Ruhe. Und diese Ruhe genießen Sie ... so lange es Ihnen nötig erscheint. Dann verlassen Sie den Raum und wenden sich wieder der Treppe zu. Stufe für Stufe steigen Sie wieder nach oben. Dabei zählen Sie wieder, jetzt allerdings rückwärts, bei zehn beginnend.

Sie betreten den Raum, den Sie vorhin – in Gedanken – verlassen haben, gehen zum Tisch, setzen sich und öffnen die Augen.

Versenken Sie sich in Ihr eigenes Bild, das Sie vor sich gespiegelt sehen. Formulieren Sie in Gedanken eine Frage. Für den Anfang sollte es nicht um Weltbewegendes gehen. Eher darum, wo Sie Ihren nächsten Urlaub verbringen oder was Sie einem lieben Menschen schenken wollen. Denken Sie Ihre Frage nicht nur theoretisch, sondern lassen Sie entsprechende Bilder in sich aufsteigen.

Welche Bilder tauchen auf? Was erkennen Sie in der spiegelnden Fläche vor sich? Sagen Sie laut, was Sie sehen, damit Sie sich später im Alltagsbewusstsein besser daran erinnern können. Ideal wäre es, wenn ein lieber Freund oder eine liebe Freundin während dieses Versuchs still in einer Ecke säße und genau notieren würde, was Sie beschreiben. Wenn das nicht möglich ist, notieren Sie Ihre Gedanken später selbst. Denken Sie darüber nach, was Ihnen die Bilder sagen wollen. Hören Sie auf die Botschaft Ihrer inneren Stimme. Wie lautet sie?

Seien Sie nicht enttäuscht, wenn das Experiment nicht gleich beim ersten Mal klappt. Hat Sie etwas abgelenkt, gestört oder zu stark beschäftigt? War Ihr Umfeld zu unordentlich? Wollten Sie nicht schon längst aufräumen? Haben Sie sich nicht schon zu lange davor gedrückt, das Chaos auf Ihrem Schreibtisch zu beseitigen? Schaffen Sie diese Unordnung aus der Welt, bevor Sie das nächste Mal wie Nostradamus in die Zukunft blicken! Räumen Sie die Garage auf. Oder schaffen Sie Ordnung auf dem Dachboden. Sie werden sich danach befreiter fühlen, denn ohne dass es Ihnen bewusst war, haben Sie so etwas wie eine einfache »magische« Handlung vollzogen. Ihr Wille hat sich als stärker erwiesen als die Materie. Sie haben keinen Zauberstab geschwungen, keine magischen Formeln gemurmelt und keine Naturgesetze aufgehoben, und doch haben Sie so etwas wie eine magisch-symbolische Handlung vollzogen: Sie haben Ihre Gedanken geordnet. Und die Ordnung in Ihren Gedanken hat zu einer Ordnung Ihrer Umwelt geführt. Sie haben das Innere – Ihre Gedanken – geändert, und das hatte die Änderung des Äußeren zur Folge: Aus Unordnung wurde Ordnung. Damit haben Sie die Voraussetzung dafür geschaffen, dass Ihr nächster Versuch in Sachen »Kristallsehen« erfolgreicher werden kann!

Wiederholen Sie den Versuch immer wieder, zwanglos und ohne Erfolgsdruck, denn der kann die Bilder, die Sie zu sehen hoffen, leicht vertreiben.

Nicht wenige Menschen, die à la Nostradamus experimentiert haben, fanden den folgenden Trick hilfreich. Vielleicht probieren Sie ihn einfach einmal aus: Im Alltag wandert Ihr Blick meist ruhelos umher, um möglichst viel von der Umgebung zu erfassen. Das tat schon der Urmensch, denn ihm durfte ja keine Gefahr entgehen, die aus allen Richtungen auf ihn zukommen konnte. Nun tun Sie genau das Gegenteil, indem Sie die spiegelnde Fläche vor sich fixieren. Dabei muss Ihr Blick starr ausgerichtet sein. Er darf nicht schweifen. Versuchen Sie, möglichst auch nicht zu blinzeln. Dadurch wird Ihr Blick nach innen gerichtet, und im Idealfall sehen Sie nicht mehr den Spiegel oder die Glaskugel, sondern Bilder, die aus Ihrem tiefsten Inneren aufsteigen, Bilder, die Ihre Frage beantworten. Viele Kristallseher sehen in dieser Phase so etwas wie eine weiße Wolke – und dann Antworten auf ihre Fragen als Bilder im Spiegel, in der Kristallkugel oder im Wasser.

Bleiben Sie locker bei dieser Übung und strapazieren Sie Ihre Augen nicht über Gebühr. Brechen Sie den Versuch ab, wenn er Ihnen unangenehm wird.

Die Prophezeiungen des Jacques Cazotte

Bewahrheitet haben sich auch die konkreten und äußerst präzisen Prophezeiungen des Schriftstellers Jacques Cazotte über das Grauen der Französischen Revolution. Er trug sie zu Beginn des Jahres 1788 vor namhaften Gelehrten und hochrangigen Adeligen in einem Pariser Salon vor. Die gesellige Runde schwelgte in aufrührerischen Gedanken. Man schimpfte über die verkrusteten Machtstrukturen und fabulierte fantasiereich über die Segnungen eines politischen Machtwechsels. Es wurde viel gegessen und getrunken – bis die Stimmung vollkommen umschlug. Denn Jacques Cazotte entwarf plötzlich ein konkretes Zukunftsbild – von der Revolution. Er erging sich dabei nicht in schwammigen Prophezeiungen, sondern sagte jedem einzelnen Gast sein persönliches Schicksal voraus: »Sie, Monsieur de Condorcet, werden in einer Kerkerzelle sterben, hingestreckt auf den Steinfliesen. Sie werden ihrem Leben mit Gift ein Ende bereiten, um dem Scharfrichter zu entgehen. Sie, Monsieur de Chamfort, werden sich die Adern zweiundzwanzig Mal mit dem Rasiermesser aufschneiden und doch nicht gleich sterben, sondern erst Monate später. Ihnen, Monsieur de Nicolai, ist der Tod auf dem Schafott bestimmt. Und auch Sie, Monsieur Bailly, werden durch das Fallbeil sterben ... Sie, Madame la Duchesse Grammont, und viele Ihrer Gefährtinnen wird man durch die Straßen zum Richtplatz karren, mit gebundenen Händen wie gemeine Verbrecherinnen. Ich muss Ihnen sagen, dass niemand verschont werden wird. Nicht einmal der König und die Königin von Frankreich.«

Diese schauerlichen Prognosen schienen anno 1788 absurd und abstrus zu sein. Jean-François de La Harpe, ein Mitglied jener illustren Gruppe, hat sie sorgfältig notiert, vielleicht weil sich die vermeintlich liberale Gesellschaft so köstlich über den vermeintlichen Unsinn amüsierte. Fakt ist aber, dass alles, was Jacques Cazotte vorhergesagt hat, ganz genau so eingetroffen ist. Ironie des Schicksals: Cazotte, der im 18. Jahrhundert in Frankreich berühmte Schriftsteller, prognostizierte den Gästen ein schaurig konkretes Ende und keiner unternahm auch nur den Versuch, dem gewaltsamen Tod zu entgehen.

Die Französische Revolution begann hoffnungsvoll. Idealisten wollen der totalitären Herrschaft der »Obrigkeit« entgegentreten und den Machtlosen zu ihrem Recht verhelfen. Bald aber waren nicht Gerechtigkeit und Menschenliebe Hauptmerkmale der Revolution, sondern Willkür und Grau samkeit.

Bemerkenswert ist: »Aberglauben«, wie Religion und Wahrsagen, sollten durch die Revolution abgeschafft werden, und doch waren es genau die von der Revolution verachteten Wahrsager, welche deren Wirklichkeit glasklar vorhersahen.

Was wäre, wenn ...

Der Mensch ist demnach keine Marionette in der Hand eines Puppenspielers, genannt unabänderliches Schicksal. Er kann, wenn er seriöse Wahrsagerei nutzt, sein eigener Regisseur und Schauspieler sein. Er kann, um im Bilde zu bleiben, das Drehbuch seines Lebens lesen – und es umschreiben.

Handfeste Warnungen vor drohenden Schicksalsschlägen bedeuten nicht, dass sie unvermeidbar kommen müssen. Entscheidend ist, ob man sie ernst nimmt und darauf reagiert oder eben nicht. Julius Caesar, anno 44 vor Christus bei einem Attentat getötet, entschied sich gegen die Prophezeiungen seiner Frau Calpurnia. Nach den Aufzeichnungen des Historikers Plutarch hatte sie Caesars blutigen Tod im Traum vorhergesehen und wollte ihren Mann daran hindern, an diesem Tag in den Senat zu gehen. Caesar ging, die Warnung missachtend, in den Senat – und wurde ermordet. Wäre die Geschichte Europas ganz anders verlaufen, wenn er zu Hause geblieben wäre?

Abraham Lincolns Tod

Wenige Tage vor dem Attentat auf Abraham Lincoln am 15. April 1865 hatte der Präsident einen Traum, an den er sich sehr genau erinnern konnte: »Vor ungefähr zehn Tagen ging ich sehr spät zu Bett. Schon nach kurzer Zeit schlief ich ein, denn ich war müde. Ich begann bald zu träumen. Um mich herum schien totenähnliche Stille. Dann hörte ich plötzlich gedämpftes Schluchzen, so, als weinten viele Menschen. Ich glaubte, mein Bett zu verlassen und nach unten zu gehen.

Dort wurde die Stille von dem gleichen Mitleid erregenden Geschluchze unterbrochen, doch waren die Trauernden unsichtbar. Ich ging von Zimmer zu Zimmer. Nirgends eine Menschenseele, doch verfolgten mich die gleichen traurigen Schmerzenslaute auf meinem Rundgang. Jeder Gegenstand schien mir vertraut, doch wo waren nur die Menschen, die so bekümmert waren, als bräche ihnen das Herz? Ich war ratlos und beunruhigt. Was mochte dies alles bedeuten? Entschlossen, den Grund für dieses so geheimnisvolle und so unheimliche Geschehen herauszufinden, ging ich weiter, bis ich zum Ostzimmer kam und es betrat. Dort wurde ich mit einer schrecklichen Überraschung konfrontiert. Vor mir stand ein Katafalk, und darauf lag eine in Begräbniskleidung gehüllte Leiche. Darum herum standen Soldaten, die Wache hielten. Es waren viele Menschen da, von denen einige trauervoll auf die Leiche blickten, deren Gesicht bedeckt war, andere weinten vor Mitleid.«

Als Mary Lincoln von dem Attentat auf ihren Mann erfuhr, reagierte sie mit Trauer und Bestürzung: »So hat sich sein Traum doch bewahrheitet ...«

Der Untergang der Titanic

Es mag sein, dass schlimme Katastrophen besonders deutliche Schatten vorauswerfen. Beim Untergang der legendären Titanic fanden 1517 Menschen den Tod. Auch J. Connon Middleton wäre wohl in den eisigen Fluten ums Leben gekommen, hätten ihn nicht wiederholte alptraumhafte Visionen rechtzeitig gewarnt. Zehn Tage vor dem geplanten Reisetermin sah Middleton die Titanic kieloben im Meer treiben. Unzählige Menschen trieben schreiend im Meer und kämpften verzweifelt um ihr Leben. So sehr sich J. Connon Middleton auf die luxuriöse Seereise gefreut hatte – er entschied sich kurzfristig gegen die Schiffspassage.

Auch Colin MacDonald wollte unbedingt an Bord der Titanic sein: als Mitglied der Mannschaft. Doch ihn peinigten schlimme Ahnungen vom Untergang des Luxusliners. Und als dem erfahrenen Seemann der Posten des zweiten Ingenieurs auf der Titanic angeboten wurde, lehnte er ab – sehr zum Erstaunen seiner Freunde und Bekannten. Wie konnte der alte Seebär nur so abergläubisch sein und auf einen lukrativen Job an Bord der Titanic verzichten, auf den er doch so sehnlich gehofft hatte? Colin MacDonald blieb bei seinem Nein. Das rettete ihm vermutlich das Leben.

Aus all diesen und noch vielen anderen Beispielen aus der jahrtausendealten Tradition des Wahrsagens lässt sich eine Erklärung für dieses rätselhafte und verblüffende Phänomen herausdestillieren:

Die menschliche Seele kann Informationen aus der Vergangenheit und der Zukunft holen und sie uns offenbaren.

Jeder Mensch kann nach dieser Vorstellung einen Blick in die Zukunft werfen und entsprechend dieser Visionen sein Leben gestalten. Er kann Gefahren erkennen und ihnen aus dem

Weg gehen. Er kann Chancen ausmachen und sie nutzen. Er kann seine Träume wahrnehmen – und auf ihre Botschaften reagieren ... oder auch nicht.

Der Mensch kann durch Wahrsagen an Informationen gelangen und etwas daraus machen ... oder auch nicht. Das entscheidet er selbst.

Die vielen Gesichter der Wahrsagekunst

Wahrsager können in die Zukunft blicken oder Wahrheiten aussprechen, von denen sie eigentlich keine Ahnung haben. Sie verfügen über ein Wissen, das sie sich nie angeeignet haben.

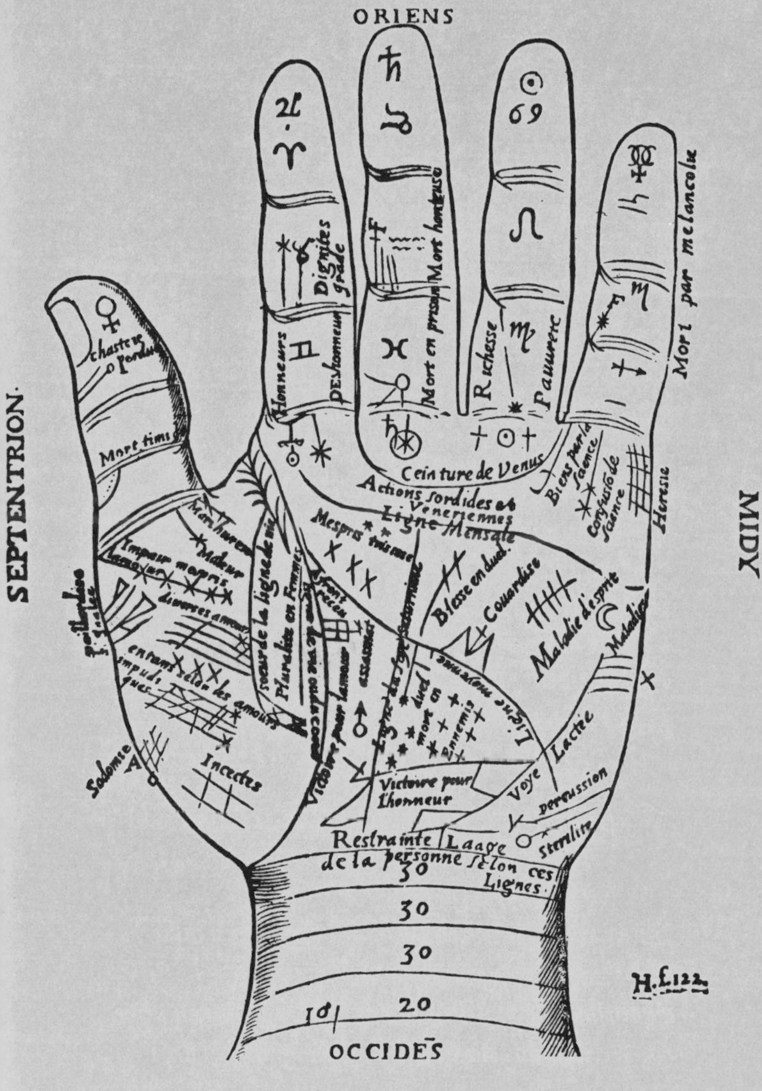

ORIENS
SEPTENTRION.
MIDY
OCCIDES
Dignites
Honneurs
Deshonneur
Mort en prison
Mort honteuse
Richesse
Pauvrete
Mort par melancolie
chastete perdue
Mort timide
Ceinture de Venus
Actions sordides et Veneriennes
Ligne Mensale
Biens par la science
Confusion de science
Heresie
Blesse en duel
Couardise
Maladie d'esprit
Maladie
Soeur de la ligne de vie
Pluralite en Femmes
Victoire pour l'amour
Victoire pour l'honneur
Ligne de fortune
Ligne
Voye Lactee
Sterilite
Sodomie
Incestes
Restrainte
Laage de la personne selon ces Lignes.
30
30
30
20
10
H. L 122

Wahrsager können in die Zukunft blicken oder Wahrheiten aussprechen, von denen sie eigentlich keine Ahnung haben. Sie verfügen über ein Wissen, das sie sich nie angeeignet haben.

Sie möchten sich in der Kunst des Wahrsagens versuchen? Dann ist es hilfreich, wenn Sie sich mit den großen Meistern dieser Zunft beschäftigen. Die großen Könner machen Mut – zum eigenen Experimentieren. Die großen Meister der Wahrsagekunst beweisen: Wahrsagen ist eine Realität.

Je mehr Sie daran zweifeln, dass auch Sie wahrsagen können, desto schwerer wird es Ihnen fallen. Wenn Sie daran zweifeln, dass so etwas wie Wahrsagen möglich ist, stehen Ihre Chancen, dabei erfolgreich zu sein, mehr als schlecht. Das, was die Giganten der Wahrsagekunst geleistet haben, gibt Anlass zu Hoffnung: Vermutlich werden Sie kein zweiter Nostradamus, aber mit etwas Übung können Sie es weiter bringen, als Sie vielleicht glauben.

Wahrsagen in Trance

Edgar Cayce (1877–1945) wuchs in einfachen Verhältnissen in einem Vorort von Hopkinsville, Kentucky, auf. Seine Eltern, einfache Bauern, mussten sich bald große Sorgen um ihren Sohn machen. Steif und fest behauptete er, dass sich ihm die Geister kürzlich verstorbener Verwandter zeigten, mit denen er sich gern und angeregt unterhalte.

In der Dorfschule kam Edgar zunächst gut zurecht. Er war in der Lage, sich selbst in eine Art Trance zu versetzen und mit spielerischer Leichtigkeit große Mengen an Informationen geradezu fotografisch zu »speichern«. Diese ungewöhnliche Fähigkeit verblasste aber bald wieder. Edgar Cayce musste die Grundschule bereits nach der siebten Klasse verlassen.

Auch seine meist angegriffene Gesundheit machte seinen Eltern große Sorgen. Immer wieder wurde er von hohem Fieber gequält und von heftigen Krämpfen geschüttelt. Schließlich versank er ins Koma, und man befürchtete, er würde sterben. Plötzlich begann der Knabe mit klarer Stimme zu sprechen. Der einfache Junge vom Land, der keine Ahnung von Medizin hatte, machte konkrete Angaben zur Behandlung seiner Krankheit. Er nannte Substanzen, aus denen eine Salbe anzufertigen sei, mit der seine Wirbelsäule bestrichen werden solle. Da die Ärzte völlig ratlos waren, folgten sie seinen Anweisungen – und Edgar wurde gesund.

Mit einundzwanzig Jahren arbeitete Edgar Cayce als Verkäufer in einer Schreibwarengroßhandlung. Von einer rätselhaften Krankheit befallen, drohte ihm der Verlust seiner Stimme. Die »Lähmung der Stimmbänder« schien nicht kurierbar, wieder konnte kein Arzt helfen. Da versetzte sich Edgar Cayce mit Hilfe eines Freundes in einen tranceähnlichen Bewusstseinszustand und war in diesem Zustand in der Lage, die Heilmittel zu nennen, die ihm seine Stimme wiedergaben.

In Trance hatte Edgar Cayce schier unbegrenzten Zugriff auf medizinisches Fachwissen, von dem er im Wachzustand keine Ahnung hatte.

Bald wurde klar, dass er sich nicht nur selbst kurieren, sondern auch gedanklich mit jedem Menschen in Verbindung setzen und dessen Krankheit erkennen konnte. Im Trancezustand wurde der Laie Edgar Cayce zum medizinischen Experten.

Edgar Cayces besondere Fähigkeit sprach sich rasch herum. Immer mehr Kranke suchten bei ihm Hilfe. Auch einige Ärzte aus Hopkinsville und Bowling Green hatten von Cayces ungewöhnlichen Fähigkeiten gehört. Sie verstanden zwar nicht, was da geschah, aber sie begannen ihn zu konsultieren. Unzähligen Menschen konnte geholfen werden. Beispielsweise verschrieb Cayce einem wohlhabenden Patienten ein Medikament, das in keiner Apotheke aufzutreiben war. Daraufhin inserierte der Mann weltweit – und bekam Antwort aus Paris. Ein junger Arzt teilte ihm mit, sein Vater habe das von ihm gesuchte Medikament entwickelt, man habe die Produktion aber bereits vor Jahren eingestellt. In einem anderen Fall nannte Cayce eine Arznei und gab den Hersteller mit an. Ein Vertreter des Arzneimittelkonzerns erklärte erstaunt: »Die beschriebene Arznei haben wir tatsächlich entwickelt. Sie ist aber noch nicht auf dem Markt. Wir haben noch nicht einmal einen Namen für das Mittel.«

Am 9. Oktober 1910 erschien in der angesehenen »New York Times« ein ausführlicher Artikel über Edgar Cayce mit dem Titel »Analphabet spielt in Hypnose Doktor« und etwa folgendem Inhalt: Der Mediziner Dr. Wesley Ketchum hatte das Phänomen Cayce in Boston vor Medizinern und anderen Wissenschaftlern geschildert und seine übersinnlichen Fähigkeiten als zweifelsohne echt bezeichnet.

Jetzt war der einstige Bauernjunge eine Berühmtheit. Kranke aus aller Welt baten ihn um seine Hilfe und immer häufiger musste er sich in Trance versetzen. Als er am 3. Januar 1945 in Virginia Beach starb, hinterließ er eine gigantische Bibliothek: Anhänger wie Skeptiker hatten seine Trance-Mitteilungen mitgeschrieben: 14 000 beglaubigte Berichte, im Laufe von 43 Jahren erstellt.

Freilich sind in jenen Protokollen keineswegs nur medizinische Ratschläge von Edgar Cayce festgehalten worden, sondern auch zahlreiche Prophezeiungen. So äußerte sich der »schlafende Prophet« konkret über die geheimnisvolle Sekte der Essener und ihre Erwartung, dass einst ein Messias die Erde beglücken werde. Zwei Jahre nach seinem Tod wurden die Schriftrollen von Qumran am Toten Meer gefunden, die Edgar Cayces Worte bis ins letzte Detail bestätigten.

Bis heute sind bei weitem noch nicht alle Prophezeiungen Cayces überprüft worden, aber viele haben sich als richtig erwiesen.

▶ Trancezustände induzieren

Edgar Cayce versenkte sich in einen Trancezustand – und konnte wahrsagen. Warum?

In Trance lösen Sie sich von der Realität Ihrer alltäglichen Außenwelt. Störende, ablenkende Einflüsse werden beiseite geschoben. Der Lärm des Alltags verstummt, und das Unbewusste hat die Möglichkeit, sich an der Oberfläche des Bewusstseins bemerkbar zu machen.

Trancezustände wurden von den Priestern und Schamanen unserer Erde wohl schon seit Jahrtausenden angestrebt, und unterschiedlichste Techniken wurden entwickelt, um sie zu induzieren. Neben dem – wegen der enormen Risiken nicht zu empfehlenden – Konsum von geheimen Drogen ist rhythmische Monotonie ein Schlüssel zur Trance: Mit Trommeln, Rasseln oder anderen Instrumenten wird ein eintöniger »Sound« erzeugt, der den Menschen förmlich in einen Trancezustand zieht. Da werden monoton immer wieder gleiche Silben gemurmelt oder gesummt, was den gleichen Effekt haben kann. Oder da werden Tänze aufgeführt, die aus der ständigen Wiederholung gleicher Bewegungen bestehen.

Es ist sehr gut möglich, dass Sie schon einmal einen Trancezustand erlebt haben, ohne sich dessen bewusst gewesen zu sein. Joggen Sie manchmal? Schritt folgt auf Schritt. Gleichmäßiges Atmen … Gehen ohne Ziel, nur des Gehens willen … Und plötzlich tritt die äußere Welt der alltäglichen Routine vor der inneren Welt zurück. Die Gedanken werden frei. Sie sind unbeschwert. In diesem Zustand können Ihnen Gedanken kommen, die so ganz anders sind als die des alltäglichen Einerleis. Dann kann es sein, dass Sie wahrsagen können, vielleicht nur für einen Moment.

Sie können gezielt nach der für Sie besten Möglichkeit suchen, bewusst in Trance zu verfallen. Vielleicht können Sie in diesen anderen Bewusstseinszustand joggen? Achten Sie dabei darauf, dass Sie sich nicht überanstrengen! Es darf kein Zwang erfolgen! Sie müssen ruhig dahinjoggen, wobei es auf gleichmäßige Monotonie der Schrittabfolge und nicht auf Geschwindigkeitsrekorde ankommt. Oder entspricht es mehr Ihrem ganz persönlichen Naturell, bei meditativer Musik und Kerzenschein in Trance zu geraten? Konzentrieren Sie sich dabei auf Ihr Ein- und Ausatmen. Fixieren Sie Ihren Blick auf einen bestimmten Punkt, etwa eine Kerzenflamme oder einen Fleck an der Wand. Vertiefen Sie sich in Ihr Ein- und Ausatmen. Suchen Sie sich Ihren eigenen, ganz individuellen Weg, ohne jeden Zwang.

Es ist jedoch ratsam, bei den ersten Experimenten einen guten Freund dabeizuhaben, der Sie beobachtet und – falls nötig – wieder ins Tagesbewusstsein zurückholen kann. An dieser Stelle sei auch vor ungewollten Trancezuständen gewarnt. Es kann zum Beispiel sein, dass Sie beim Autofahren durch eine monotone Landschaft unfreiwillig in Trance fallen oder auch bei einer Arbeit, bei der Sie immer wieder die gleichen Handgriffe machen müssen. Solche unfreiwilligen Trancezustände können sehr gefährlich werden.

Kekule von Stradonitz fiel eines Abends anno 1864 unbewusst in einen Trancezustand. Er hatte lange gearbeitet und fühlte sich erschöpft. Sinnierend saß er am Schreibtisch, starrte in das Feuer, das im Kamin brannte, versenkte sich fast meditierend in das Bild der Flammen und driftete langsam in einen Trancezustand. Da verwandelten sich die Glutpünktchen in Atome. Sie formierten sich zu langen Schlangen, die sich in ihren eigenen Schwanz bissen ... Und plötzlich wusste Kekule von Stradonitz, wie Benzol aufgebaut ist: nicht kettenförmig (wie andere Kohlenwasserstoffe), sondern bestehend aus sechs Kohlenstoff-Atomen, die ringförmig angeordnet sind.

Kekule fand, wonach er lange vergeblich gesucht hatte. Sie streben vermutlich nicht nach wissenschaftlichen Erkenntnissen, für die Sie sich den Nobelpreis erhoffen. Bei Ihnen geht es vermutlich »irdischer« zu.

Ein Beispiel: Sie waren jahrelang wütend auf Ihren Chef, hätten ihn am liebsten auf den Mond geschossen, ohne Rückfahrschein! In Wirklichkeit aber waren es gar nicht die Eigenschaften Ihres Chefs, die Sie zornig machten. Sie haben sich vielmehr darüber geärgert, dass Sie sich Ihrem Chef gegenüber viel zu devot verhalten haben. Und Ihr Chef hat Ihnen die Beförderung nicht versagt, weil er an Ihren Kompetenzen zweifelt, sondern weil ihn Ihr unterwürfiges Verhalten ihm gegenüber stört. Diese Verhaltensweise passt nach Ansicht Ihres Chefs nicht zu der gehobenen Position, die Ihnen eigentlich zusteht.

Im Trancezustand können Sie wahr-sagen: das Wahre sagen und Lösungen für Probleme finden, mit denen Sie sich vielleicht schon lange erfolglos herumgeschlagen haben.

Wahrsagen besteht nämlich nicht nur aus dem Vorhersehen von künftigen Ereignissen, sondern auch im Erkennen von Wahrheit, im Wahrnehmen der wirklichen Zusammenhänge, die im Alltag gern von Pseudoproblemen überdeckt werden.

Wenn Sie die Thesen der großen Kulturvölker über das Wahrsagen studieren, werden Sie erstaunliche Übereinstimmungen feststellen. Demnach gibt es so etwas wie einen unbewussten Geist, der keine Grenzen kennt – weder räumlich noch zeitlich. Wer Zugang zu diesem Geist hat, kann Informationen von jedem Zeitgenossen beziehen, wobei Entfernungen keine Rolle spielen. So mag Edgar Cayce sein medizinisches Wissen erhalten haben. Wer Zugang zu diesem Geist hat, hat Zugriff auf Vergangenheit, Gegenwart und Zukunft: Er kann im wahrsten Sinne des Wortes wahrsagen.

Es verwundert nicht, dass Trancezustände nicht nur in so genannten »primitiven Religionen« zum Alltag von Priestern und Schamanen gehören. Bereits 1973 gelang Prof. Erika Bourguignon (USA) in ihren transkulturellen Untersuchungen der Nachweis, dass Trance-Phänomene in mehr als neunzig Prozent aller Gesellschaften der Welt fest in der religiösen und therapeutischen Praxis verankert sind.

Einen Ausgangspunkt für Ihre Experimente mit Trance erleben Sie tagtäglich. Kurz vor dem Einschlafen erreichen Sie einen tranceähnlichen Zustand. Versuchen Sie ihn zu halten: ohne wieder völlig wach zu werden, aber auch ohne einzuschlafen. Konzentrieren Sie sich auf die entspannte Ruhe, die Sie überkommt. Genießen Sie das Schweben zwischen Wachsein und Schlaf.

Wahrsagen im Traum

Trancezustände und bestimmte Schlafphasen ähneln einander sehr. Beide Zustände erlauben es dem Geist, sich von der materiellen Enge des wachen Alltags zu befreien und Spaziergänge zu unternehmen – losgelöst von Raum und Zeit.

In Trance wie im Traum ist es nicht nur möglich, Künftiges zu sehen, sondern auch künftige Erkenntnisse und Errungenschaften von morgen bereits gestern zu nutzen.

Wir sind es gewohnt, die Zeit als etwas linear Ablaufendes zu betrachten: Erst kommt die Vergangenheit, ihr folgt die Gegenwart und daran schließt sich die Zukunft an. Albert Einstein hingegen war davon überzeugt, dass Vergangenheit, Gegenwart und Zukunft nicht unbedingt einen festen Platz einnehmen. Es müsse möglich sein, so argumentierte der Vater der modernen Physik, sie in wechselnder Reihenfolge zu beobachten, also etwa die Zukunft bereits in der Gegenwart zu sehen.

Der Flugzeugingenieur John William Dunne erlebte am eigenen Leibe, dass ein Zugriff auf die »Zukunft« schon in der »Vergangenheit« oder »Gegenwart« möglich ist, und zwar im Traum. Auf der Grundlage eigener Zukunftsvisionen entwickelte er ein neues Bild vom Ablauf der Zeiten. Demnach gibt es eben nicht ein Nacheinander von »gestern«, »heute« und »morgen«, sondern eine Vielzahl einander überlappender Seinsebenen. Dunne, Techniker, Ingenieur und erfolgreicher Erfinder, sagt etwa dies: Zukünftige Ereignisse sind in der Vergangenheit und in der Gegenwart bereits vorhanden, bevor sie auf unserer Seinsebene »geschehen«. Somit ist es möglich, das »Morgen« bereits im »Gestern« zu erleben. Wenn wir träumen, tauchen wir in ein großes Sammelbecken des universellen Wissens aus Vergangenheit, Gegenwart und Zukunft. Und Albert Einstein sagt: »Der Unterschied zwischen Vergangenheit, Gegenwart und Zukunft ... ist ... eine Illusion, allerdings eine nachhaltige.«

Kurz vor seinem Tod im Oktober 1971 enthüllte Chester Carlson, der Gründer der Xerox-Company, wie es zur Erfindung der berühmten Kopiermaschine gekommen war. Carlson arbeitete völlig übermüdet in seinem Labor, als er eine Art »Traumvision« hatte: Eine »Stimme« erklärte ihm, wie man Kohlenstaub auf eine geladene, belichtete Trommel sprüht und damit Kopien anfertigen kann. Der Erfinder wollte von der »Stimme« wissen, woher sie denn komme. »Aus der Zukunft«, war die Antwort. Carlson hatte diese Wahrheit so lange verheimlicht, weil er fürchtete, sich damit lächerlich zu machen.

Auch das Insulin, das Millionen von Zuckerkranken das Leben rettete, wurde 1921 sozusagen im Schlaf entdeckt. Dr. Frederick Banting war erst spätnachts zu Bett gegangen. Gegen zwei Uhr nachts wachte er auf, kritzelte drei Sätze in sein Notizbuch und schlief wieder ein. Im Traum war ihm die Entdeckung des Insulins als lebensrettendes Mittel bei Zuckerkrankheit geschenkt worden. Banting wurde für seine Entdeckung mit dem Nobelpreis geehrt. Dann verkaufte er sie – für einen Dollar. Er wollte sich wohl nicht an etwas bereichern, das ihm im Traum enthüllt worden war.

Für seine »Entdeckungen bei der chemischen Übertragung der Nervenimpulse« wurde Otto Loewi (1873–1961) im Jahre 1936 mit dem Nobelpreis ausgezeichnet. Professor Loewi arbeitete und lehrte an der Universität Graz, als er eines Nachts im Traum die Lösung eines gravierenden medizinischen Problems wie auf dem Tablett serviert bekam. Der Wissenschaftler griff zu Block und Stift und schrieb das ihm im Traum übermittelte Ergebnis seiner langjährigen Studien auf. Dann schlief er beruhigt wieder ein. Wie groß war seine Enttäuschung, als er am nächsten Morgen die eigene Handschrift nicht mehr entziffern und sich auch nicht mehr an den Traum erinnern konnte. Doch zu Loewis großer Freude wiederholte sich der Traum in der folgenden Nacht. Diesmal begnügte sich der Wissenschaftler nicht mit Notizen. Er stand auf, zog sich an und weckte seinen Assistenten, um das Geträumte im Labor auszuprobieren.

Otto Loewi und Frederick Banting haben der Zeit ein Schnippchen geschlagen: Sie haben im Traum das Endergebnis ihrer wissenschaftlichen Arbeit von morgen gesehen und konnten es, dank dieser Information aus der Zukunft, bereits im Heute verwirklichen. Nun stellt sich die Frage: Wie viele große Geister sind groß genug, um zuzugeben, dass ihnen eine solche Entdeckung im Traum geschenkt wurde? Wir wissen es nicht. So mancher Erfinder, der im Traum fand, wonach er im Wachzustand vergeblich suchte, wird seine »Quelle« dezent verschwiegen haben. Und doch gibt es immer wieder Wissenschaftler von Rang, die zu ihren Träumen stehen. Paul Ehrlich fand im Traum die Grundlage für seine wichtigste Entdeckung, wie sich menschliche Zellen gegen das Eindringen von Giften wehren. Carl Duisenberg, Chemiker bei den Bayerwerken, entdeckte im Traum einen neuen Farbstoff. George Westinghouse (1846–1914) hatte wochenlang am Zeichentisch nach einer möglichst wirksamen Methode gesucht, wie man Luftdruck in einer effektiven Bremse einsetzen kann. Von der anstrengenden Arbeit erschöpft, versuchte er sich zu entspannen. Er schlief ein und träumte »seine« Bremse, sah sie bis ins Detail.

Thomas A. Edison ging noch einen Schritt weiter: Er gab nicht nur zu, viele seiner Erfindungen geträumt zu haben, sondern bekannte sich auch dazu, Traumvisionen gezielt herbeigeführt zu haben. Er versetze sich selbst bewusst in eine Art Dämmerzustand und wartete auf Bilder aus der Zukunft: Visionen von fertigen Erfindungen, die er sich sonst mühsam hätte erarbeiten müssen.

▶ Das Traumtagebuch – ein Langzeitexperiment

Wenn Sie überprüfen wollen, ob Ihre Träume prophetische Botschaften enthalten, müssen Sie objektiv bleiben. Das heißt: Sie dürfen Ihren Träumen nichts hinzufügen und nichts daran nachträglich ändern. Das ideale Hilfsmittel zur Überprüfung Ihrer Träume ist ein Traumtagebuch. Es zu führen erfordert am Anfang etwas Geduld. Aber es lohnt sich. Geben Sie also nicht vorschnell auf.

Wenn Sie morgens erwachen, erinnern Sie sich oft noch an den letzten Traum oder zumindest an längere Traumsequenzen. Dann stehen Sie auf, und die Traumbilder verschwinden nach und nach. In den seltensten Fällen gelingt es Ihnen, sie später wieder ins Bewusstsein zurückzuholen. Gehen Sie Ihren Träumen auf den Grund, und zwar mit einem Traumtagebuch. Legen Sie sich einen Block oder ein kleines Heft und einen Stift bereit, wenn Sie schlafen gehen. Diese einfachen Utensilien müssen so neben Ihrem Bett liegen, dass sie sofort zur Hand sind, wenn Sie nachts aus einem Traum erwachen.

Schlafen Sie neugierig ein, aber ohne zu große Erwartungen. Wenn Sie heute Nacht nicht aus einem Traum aufwachen, wird es morgen geschehen oder übermorgen. Sie haben Zeit. Setzen Sie sich nicht selbst unter Erfolgszwang.

Wenn Sie dann nachts erwachen, bleiben Sie ruhig liegen. Machen Sie kein Licht, denn das würde Ihren Traum vertreiben, bevor Sie auch nur den ersten Traumgedanken notieren können. Auch wenn Sie sich bei Dunkelheit im Bett aufsetzen, um besser schreiben zu können, kann das eine negative Auswirkung auf Ihren Plan haben und bewirken, dass der Traum aus Ihrem Bewusstsein entschwindet.

Greifen Sie deshalb im Liegen nach Papier und Bleistift und bewegen Sie sich dabei so wenig wie möglich. Notieren Sie Ihren Traum. Sie glauben nicht, dass Sie das können? Auch wenn Sie es nicht für möglich halten: Es wird Ihnen gelingen, zumindest einige Stichworte aufzuschreiben. Und wenn Sie dann am nächsten Tag Ihre Notizen lesen, wird der Traum vor Ihrem geistigen Auge ablaufen wie ein Film. Jetzt können Sie ihn zu Papier bringen. Seien Sie dabei ruhig pedantisch. Schildern Sie jede Einzelheit. Datieren Sie den Traum, damit Sie immer wieder nachvollziehen können, wann genau Sie was geträumt haben.

Auch hier gilt: Übung macht den Meister. Am Anfang wird Ihnen der eine oder andere Traum einen Streich spielen. Sie werden wach, greifen zu Stift und Papier und notieren Ihren Traum – um am nächsten Morgen festzustellen, dass Sie offensichtlich nur geträumt haben, dass Sie etwas aufschreiben. Dann hat dieser Traum eine ganz einfache Funktion wahrgenommen. Er war der Hüter Ihres Schlafs. Sie sind aus einem Traum aufgewacht. Es war Ihnen lästig, jetzt etwas schreiben zu müssen. Also haben Sie sich selbst mit einem Traum beruhigt: Im Traum notierten Sie Ihren Traum, in Wirklichkeit aber schliefen Sie schon längst wieder und Ihr Notizblatt blieb leer.

Es kann natürlich auch vorkommen, dass Sie am nächsten Morgen Ihre eigene Schrift nicht lesen können. Lassen Sie sich durch solche kleinen Pannen nicht beirren. Je länger sie »am Ball« bleiben, umso besser werden Sie als Protokollführer Ihrer eigenen Träume. Der Erfolg wird Sie für Ihre Geduld belohnen!

Wenn Sie sich nachts nichts notiert haben oder Ihr eigenes Gekritzel nicht mehr lesen können, notieren Sie einfach alles, was Ihnen von Ihren Träumen in Erinnerung geblieben ist. Stunden später, wenn Sie Ihre Notizen studieren, kann es sein, dass Ihnen Traumbilder wieder klar vor Augen treten, von denen Sie annahmen, sie seien für immer verschwunden.

Nehmen Sie sich viel Zeit für die erste Experimentierphase mit Ihren Träumen. Wählen Sie Ihre Arbeitsmittel mit Bedacht. Probieren Sie aus, womit Sie am besten zurechtkommen: mit einem kleinen Notizblock oder einem größeren, mit einem weichen Bleistift oder einem Kugelschreiber? Fällt es Ihnen leichter, ein Traumtagebuch zu führen, wenn der Kugelschreiber mit einem Bändchen am Schreibblock befestigt ist? Genügen Ihnen wenige Stichworte, um den Traum nach dem Aufwachen wieder erstehen zu lassen? Oder benötigen Sie ausführlichere Notizen? Experimentieren Sie!

▶ Im Traum in die Zukunft reisen

Nach einiger Zeit des geduldigen Übens werden Sie mühelos in der Lage sein, Ihre Träume nachts schriftlich festzuhalten und nach dem Aufwachen komplett zu rekonstruieren. Dann gehen Sie doch einen Schritt weiter.

Wenn Sie abends im Bett liegen und den erholsamen Schlaf nahen fühlen, lenken Sie Ihre Aufmerksamkeit auf die Zukunft, zum Beispiel auf den kommenden Tag und malen sich gedanklich aus, was Sie tun werden. Stellen Sie sich vor, wie der Wecker klingelt, wie Sie auf die Uhr sehen und wie Sie aufstehen. Während Sie gedanklich in die Zukunft reisen, werden Sie einschlafen.

Nach viel geduldigem Üben werden Sie irgendwann feststellen, dass Sie den Gedankenfilm im Traum weiter ablaufen lassen können, um – zum Beispiel – ein Problem am Arbeitsplatz zu lösen.

Ärgern Sie sich über die unsachlichen Angriffe Ihrer Kolleginnen und Kollegen? Fühlen Sie sich von der unangebrachten Kritik Ihres Chefs verletzt? Und sind Sie in der kritischen Situation nicht in der Lage, so zu reagieren, wie es vorteilhaft für Sie wäre?

Führen Sie kurz vor dem Einschlafen in Gedanken eine konkrete Situation herbei: Malen Sie sich aus, wie Sie in den Fahrstuhl steigen, auf den Knopf drücken, in den dritten Stock fahren, den Flur zu Ihrem Büro entlanggehen und schließlich das Büro betreten. Es wird Ihnen gelingen, das angefangene Bild zu Ende zu träumen: Was wirft Ihnen der Chef vor? Worüber lästern die Kolleginnen und Kollegen?

Dann träumen Sie weiter, was Sie geschickt darauf erwidern. Im Traum können Sie mutig sein. Sie nehmen Frechheiten nicht hin. Sie schweigen nicht zu Vorwürfen. Sie »träumen« sich mutig und können dann im wirklichen Leben mutiger auftreten und bestehen!

Im Traum können Sie erfahren, was Ihnen im »wirklichen Leben« verborgen bleibt.

Warum reagiert Ihr Chef Ihnen gegenüber immer so aggressiv? Warum attackiert er Sie vor Ihren Kollegen? Warum tadelt er Sie vor versammelter Mannschaft lautstark für kleinste Fehler? Schlafen Sie mit dem Bewusstsein ein, dass Ihnen Ihr Chef im Traum den Grund für sein Verhalten verrät. Konzentrieren Sie sich darauf! Der Traum wird Ihnen die erhoffte Auskunft geben. Haben Sie Geduld, wenn dies nicht gleich in der ersten Nacht gelingt! Vielleicht hat Ihr Chef ohne es zu wissen Angst vor Ihnen. Er unterstellt Ihnen möglicherweise, dass Sie ihn vor der Firmenleitung als einfallslos und rückständig hinstellen wollen, indem Sie immer wieder Verbesserungsvorschläge machen. Wenn es das ist, was Sie aus Ihren Träumen erfahren, können Sie Ihrem Chef im wirklichen Leben freundlich klar machen, dass Ihre Vorschläge Ihre Abteilung – und damit auch die Position Ihres Chefs – stärken und nicht schwächen sollen.

Wenn Sie Ihren Traum schriftlich festgehalten haben, ist er erst einmal gesichert. Dann folgt der zweite Schritt: Sie werten Ihren

Traum aus. Das sollte möglichst bald geschehen, denn nur so können Sie belanglose von wichtigen Trauminhalten unterscheiden. So mancher Traum hat mit der Zukunft überhaupt nichts zu tun, sondern ist nur eine Wiederholung oder Aufarbeitung von Alltagserlebnissen, die Sie am Tag des Traums (oder kurz zuvor) hatten. Filtern Sie diese Trauminhalte heraus, denn sie haben keinerlei wahrsagerische Bedeutung. Andere Träume spiegeln äußere Umstände wider: Wenn Sie im Traum auf einer Eisscholle im Meer treiben, ist vielleicht nur die Heizung ausgefallen und Sie haben im Schlaf fürchterlich gefroren.

Im Laufe der Jahrtausende entstanden unterschiedliche Schulen für die Deutung von Traumsymbolen und viele dieser Deutungen sind bis heute aktuell. Doch bedenken Sie:

Träume sind immer eine sehr individuelle Angelegenheit. Um ihre Botschaften zu entschlüsseln, muss man die konkrete, ganz persönliche Situation des Träumenden kennen.

Dennoch kann es manchmal hilfreich sein, die Deutung bestimmter Traumsymbole zu kennen.

Ein kleines Alphabet der Traumsymbole

EIN AAL in klarem, sauberem Wasser kündigt künftige Freuden an. Doch Vorsicht: Sie sind vergänglich! Viele Aale im Wasser drücken Ihre Sehnsucht nach einem erfüllten Intimleben aus. Gelingt es Ihnen im Traum, einen Aal zu fangen, so wird es Ihnen gelingen, im Leben erfolgreich zu sein. Bedenken Sie aber: Das wird Neider auf den Plan rufen! Wenn Sie im Traum einen Aal essen, sollten Sie auf anstehende Probleme gefasst sein. Sie können sie bewältigen! Entwischt Ihnen im Traum ein Aal, so müssen Sie damit rechnen, dass Ihnen ein Misserfolg blüht. Akzeptieren Sie, dass Sie nicht immer gewinnen können. Andererseits kann eine entgangene Chance den Weg für bessere Möglichkeiten eröffnen. Ein toter Aal ist ein positives Symbol: Sie werden sich gegenüber Feinden und missgünstigen Freunden durchsetzen. In der Liebe verheißt ein toter Aal: Das Werben um einen ersehnten Partner verläuft erfolgreich!

Ein Bahnhof steht für neue Chancen im Leben. Neue Möglichkeiten tun sich auf. Es gilt, sorgfältig über die Verwirklichung neuer Ideen nachzudenken! Gelingt es Ihnen im Traum nur mühsam oder gar nicht, den Bahnhof zu erreichen, so warnt Sie der Traum vor unerwarteten Hindernissen. Wenn Sie sich im Bahnhof durch eine große Menschenmenge arbeiten müssen, kann es sein, dass Sie Ihre Ziele nicht so schnell erreichen wie erhofft. Ist der Bahnhof hingegen menschenleer, ist Vorsicht geboten. Gehen Sie kein unnötiges Risiko ein. Wenn der Bahnhof umgebaut wird, sollten Sie ein Projekt vielleicht noch einmal überdenken. Es kann sein, dass Sie auf dem richtigen Weg sind, aber die falschen Mittel einsetzen. Verändern Sie Ihre Methode!

Ein Boot steht für Ihre Persönlichkeit. Veränderungen stehen ins Haus. Fährt Ihr Traumboot in ruhigem Wasser, so ist das leicht als Ankündigung ruhiger Lebensverhältnisse zu deuten. Unruhige Fahrt hingegen lässt sich einfach entschlüsseln: als eine unruhige Lebensphase. Trübes Wasser warnt vor möglichen Pannen. Ein Segelboot ist vom Wind abhängig. Der Wind steht für Ihren Intellekt. Weht er kräftig, kann das Boot an Fahrt gewinnen. Ihr geistiges Potenzial wird Ihnen helfen, im Leben zügig voranzukommen. Eine Flaute warnt vor Stillstand. Brauchen Sie eine Erholungsphase? Wird der Anker geworfen, kommt das Boot zum Stillstand. Neue Pläne können geschmiedet und in die Tat umgesetzt werden. Droht ein Sturm? Oder geraten Sie im Traum gar in einen? Dann machen Sie sich auf Schwierigkeiten gefasst. Wenn Ihr Boot zu sinken droht, sollten Sie einen Plan vielleicht ganz aufgeben. Investieren Sie nicht zu viel Energie in ein Projekt, das zum Scheitern verurteilt ist.

Ein Café ist ein Ort der Ruhe und Entspannung. Sitzen Sie in Ihrem Traum in einem gemütlichen Café? Dann fehlt es Ihnen im Leben wahrscheinlich an Erholung. Entspannung hilft Ihnen, neue Kräfte zu sammeln. Sind Sie nicht Gast, sondern der Chef Ihres Traumcafés? Zufriedene Gäste verraten Ihnen, dass Sie im wirklichen Leben ein beliebter Mensch sind. Unzufriedene Gäste hingegen stehen für Kritiker. Überlegen Sie: Verhalten Sie sich Ihren Mitmenschen gegenüber immer richtig? Wäre es vielleicht angebracht, anderen zu erklären, warum Sie sich so oder so verhalten?

Der Chauffeur, der Sie im Auto fährt, steht vordergründig für Luxus und Bequemlichkeit. Doch seine tiefere Bedeutung sollte Sie nachdenklich stimmen: Wer bestimmt, wo es in Ihrem Leben langgeht? Sie selbst? Oder sind Sie zu bequem geworden? Müssen Sie wieder aktiver werden und Ihr Leben ganz bewusst selbst gestalten? Wenn ein Beifahrer zusteigt, können Sie auf einen Menschen hoffen, der Ihnen hilft. Bremst der Chauffeur? Machen Sie sich darauf gefasst, dass Ihnen Hindernisse in den Weg gelegt werden. Haben Sie Angst bei der Fahrt? Überdenken Sie Ihren Lebensstil. Vielleicht müssen Sie ihn ändern, um glücklicher sein zu können! Sind Sie vielleicht zu verschwenderisch? Denken Sie über Ihre Ausgaben nach.

Schleicht sich ein Dieb in Ihre Träume, so heißt das nicht unbedingt, dass Sie demnächst von einem Einbrecher heimgesucht werden, im Gegenteil. So paradox es auch klingen mag: Im Traum von einem Dieb bestohlen zu werden, verheißt nach traditioneller Interpretation Gutes, was geschäftlich-finanzielle Projekte anbelangt. Versuchen Sie jedoch im Traum vergeblich einen Dieb zu fassen, so deutet dies auf eine mögliche Enttäuschung hin. Dann sollten Sie mit neuen Projekten etwas vorsichtiger sein. Lassen Sie sich auch nicht auf eine Liaison mit einem Unbekannten ein.

Wenn Drogen in Ihrem Traum vorkommen, sollten Sie fragen: Brauche ich Hilfe? Versuchen Sie, Probleme aus einem anderen Blickwinkel zu sehen. Lehnen Sie Hilfe nicht ab!

Wenn die Drogen in Ihrem Traum eine positive Auswirkung haben, ist das keine Aufforderung, es einmal mit Drogen zu versuchen. Doch verschließen Sie sich dem hilfreichen Wissen Ihrer Mitmenschen nicht. Sie können zu Ihrem eigenen Wohl dazulernen! Wenn Sie im Traum gezwungen werden, gegen Ihren Willen Drogen einzunehmen, so kündigt dies eine unangenehme Erfahrung an. Da mag eine für Sie unschöne Wahrheit auf Sie warten, die Sie einfach akzeptieren müssen.

Das Ei im Traum symbolisiert einen Neuanfang. Achten Sie bewusst auf Chancen und Gelegenheiten, die sich Ihnen bieten! Schenkt man Ihnen im Traum gleich einen ganzen Korb voller Eier, so dürfen Sie auf viele günstige Chancen hoffen. Das Ei als Traumsymbol hat aber noch eine andere Bedeutung. Es symbolisiert Zerbrechlichkeit und mahnt zum Beispiel: Überprüfen Sie Ihre Beziehung oder Partnerschaft. Ist sie in Gefahr? Nutzen Sie die Warnung als Chance und investieren Sie mehr Zeit und Gefühl in Ihre Beziehung. Damit vermindern Sie die Gefahr einer Trennung.

Stapft ein Elefant durch Ihren Traum, können Sie beruhigt sein. Sie sind – stark wie ein Elefant – selbst in der Lage, mit Ihren Problemen fertig zu werden. Sie haben genug Energie, um Hindernisse aus dem Weg zu räumen. Bilden Sie sich aber nicht zu viel ein auf Ihre Kraft und verfallen Sie nicht in übertriebene Geltungssucht. Nur zu leicht könnten Sie sich lächerlich machen. Wird der Elefant in Ihrem Traum von einem Treiber gelenkt? Oder sitzen Sie selbst auf dem Rücken Ihres Elefanten? Dann ist das ein Hinweis darauf, dass Sie die Kraft Ihrer Vernunft bewusst nutzen sollten. Reagieren Sie nicht nur gefühlsmäßig, sondern auch mit Verstand.

Flug: Wenn Sie im Traum vom Boden abheben und zum schwerelosen Flug ansetzen, sollten Sie einmal gründlich über Ihr Leben nachdenken. Wo fühlen Sie sich eingeengt und überlastet? Bürden Sie sich zu viel auf? Muten Sie sich selbst zu viel zu? Gestatten Sie Ihren Mitmenschen, Ihnen ihre Probleme aufzuhalsen? Ist Ihnen eine Beziehung zur Last geworden? Engen Sie Beruf und Familie zu sehr ein? Wo können Sie sich wieder mehr Freiraum schaffen? Welche Pflichten können Sie abgeben, damit Sie wieder freier atmen können? Wenn in Ihrem Traum die Freiheit des Fliegens in den Hintergrund und die Angst vor dem Absturz in den Vordergrund tritt, wenn Sie weniger aktiv fliegen als passiv zu Boden sausen, haben Sie das Vertrauen in sich selbst verloren. Dann sollten Sie alle Ihre positiven Eigenschaften auflisten. Schreiben Sie sie auf! Es sind viel mehr, als Sie denken. Sie können viel und haben allen Grund, zuversichtlich zu sein: Ihre Intuition hilft Ihnen, mit Problemen fertig zu werden.

Eine Gans im Traum steht oft für Einfalt und Naivität. Sind Sie – vielleicht besonders in Liebesdingen – zu leichtgläubig? Fliegt Ihnen ein solcher Vogel im Traum davon, dann deutet das eine Hoffnung an, die sich nicht erfüllt. Schnattert die

Gans, so wird womöglich hinter Ihrem Rücken schlecht über Sie geredet. Müssen Sie Gänse hüten, dann wartet eine lästige Pflicht auf Sie. Weichen Sie ihr nicht aus, sondern tun Sie, was getan werden muss. Wenn Sie nicht gerade Vegetarier sind, verheißt eine gebratene Gans auf Ihrem Tisch Erfolg und Wohlstand. Es wird Ihnen in jeder Hinsicht gut gehen, emotional wie finanziell.

WENN SIE VON EINEM HAUS träumen, haben Sie ein großes Abbild Ihres Ich vor sich. Bröckelt der Putz von den Außenwänden dieses Hauses, sollten Sie überlegen, wie Sie Ihr äußeres Erscheinungsbild verbessern können. Vielleicht tut es Ihnen gut, wenn Sie sich von einem überholten Stil verabschieden und sich einmal ganz anders einkleiden. Fenster und Türen weisen auf Ihre Kontakte zur Außenwelt hin. Sind die Fenster trüb und klemmen? Oder knarren die Türen? Dann muss etwas repariert oder in Ordnung gebracht werden. Verbessern Sie die Kontakte zu Ihren Mitmenschen. Gibt es Missverständnisse, die ausgeräumt werden müssen? Tun Sie den ersten Schritt. Fehlt das Glas in den Fenstern? Lassen sich die Türen nicht schließen, so dass der Wind ungehindert ins Innere des Hauses eindringen kann? Dann sind Sie wohl manchmal zu leichtsinnig und zu leichtgläubig. Ist der Keller voller Gerümpel? Dann müssen Sie aufräumen. Akzeptieren Sie endlich, dass überlebte Freundschaften nicht mehr aufgefrischt werden können. Geben Sie Projekte auf, in die Sie schon zu viel Zeit investiert haben. Die Küche in Ihrem Haus symbolisiert Intuition und Emotionen. Eine unaufgeräumte Küche mahnt: Kommen Sie ins Reine mit Ihren Gefühlen. Wenn in Ihrer Traumküche eine emsige Hausfrau werkelt und alles gut aufgeräumt ist, können Sie sich voller Elan den Aufgaben des Lebens widmen – mit guten Aussichten auf Erfolg! Ein chaotisches Schlafzimmer in Ihrem Traumhaus weist auf ein chaotisches Liebesleben hin. Bringen Sie es in Ordnung! Das Wohnzimmer findet seine Entsprechung im Bereich der Kommunikation mit Familie und Freunden. Ist es im Wohnzimmer kalt, sollten Sie sich mal wieder eingehend mit Ihren Nächsten beschäftigen und vielleicht »nur mal so« eine Familienfeier organisieren. Der Dachboden entspricht dem Kopf, dem Denken. Ist es hier unordentlich, sollten Sie vielleicht auch Ihre Gedanken wieder einmal ordnen.

Herz: Am wenigsten verschlüsselt ist das Traumsymbol Herz. Ein schmerzendes, blutendes Herz warnt vor verletzten Gefühlen. Ein Ihnen nahe stehender Mensch kann Ihnen wehtun! Wenn Sie im Traum Ihr Herz zerschneiden, droht die Trennung von einem Menschen, der Ihnen sehr nahe steht. Ein schmerzendes Herz weist auf Kummer und Sorgen hin, besonders im Beruf. Pocht Ihr Herz im Traum besonders heftig, dann deutet dies auf einen Fehltritt hin, der auch Ihnen selbst letztlich Schmerz bereiten kann. Überlegen Sie sich noch einmal, ob Sie nicht lieber treu sein wollen! Fehlt Ihnen im Traum das Herz, so ist Vorsicht geboten: Ihre Feinde sind im Vorteil! Versuchen Sie, Auseinandersetzungen gütlich zu beenden!

Insel: Wenn Sie im Traum allein auf einer Insel leben, sehnen Sie sich im wirklichen Leben vermutlich nach mehr Ruhe. Was können Sie tun, um die Hektik aus Ihrem Leben zu nehmen? Sind Sie zu ehrgeizig? Vielleicht wären Sie viel glücklicher und zufriedener, wenn Sie sich selbst beschränken und auf Statussymbole verzichten würden, die Sie sich viel zu teuer erkaufen müssen. Sehen Sie sich auf der Insel in einem breiten, sauberen Strom? Das verheißt eine besonders glückliche Partnerschaft oder Ehe. In der Liebe finden Sie ein Refugium. Müssen Sie auf »Ihrer« Insel gegen andere Menschen kämpfen? Gibt es dort Menschen, die Ihnen feindlich gesonnen sind? Dann kommen im »wirklichen Leben« Auseinandersetzungen auf Sie zu, etwa um eine bessere Position im Beruf. Sehen Sie »Ihre« Insel gar von Naturgewalten verwüstet? Dann hüten Sie sich vor finanziellem Leichtsinn! Müssen Sie »Ihre« Insel verlassen? Dann kommen neue Aufgaben auf Sie zu. Sie können entscheiden: Wollen Sie den Schritt in eine vielleicht bessere, aber ungewisse Zukunft wagen? Oder wollen Sie beim Altvertrauten bleiben?

Juwelen sind ein Symbol für Reichtum, doch im Traum können sie ganz unterschiedliche Hinweise geben. Wenn Sie sich im Traum teure Juwelen kaufen, dann mahnt dies zu Sparsamkeit. Missliche Ereignisse können Sie zu einem einfacheren Lebenswandel zwingen. Andererseits dürfen Sie auf die Zukunft hoffen. Projekte, an denen Sie im Moment arbeiten, werden den erhofften Erfolg bringen. Wenn Sie im Traum stolz eigene Juwelen tragen, können Sie sich im wirklichen Leben auf Erfolg und Anerkennung freuen. Wenn Sie fremde Juwelen tragen, ist das eher eine Warnung: Sie müssen mehr Eigeninitiative entwickeln, wenn Sie ein gutes Leben führen wollen. Überlegen Sie, ob Sie nicht zu viel in Ihr Äußeres investieren. Gibt es nichts Wichtigeres in Ihrem Leben als den äußeren Schein? Ererbte Juwelen verheißen großen Wohlstand. Das Schicksal wird Ihnen viel Gutes bescheren, materiell und ideell.

Käfer, die durch Ihre Träume krabbeln, sind kein positives Omen, besonders wenn sie negative Gefühle bei Ihnen auslösen. Dann müssen Sie mit »Freunden« rechnen, die Ihnen mit ihrer Bosheit zu schaffen machen. Hoffen Sie, dass die Krabbeltiere rasch wieder verschwinden. Wenn Sie im Traum einen Käfer töten, bahnt sich ein Misserfolg an. Knabbern Käfer oder allgemein Insekten an Ihrer Kleidung? Dann denken Sie einmal in Ruhe darüber nach, wie es mit den Kontakten zu Ihren Mitmenschen aussieht. Überwinden Sie Ihre Unsicherheit! Wenn Sie jedoch einen besonders schönen, vielleicht sogar glänzenden Käfer finden, dürfen Sie sich freuen: Sie führen ein Projekt rasch und erfolgreich zu Ende.

Ein Labyrinth kündigt eine schwierige Lebensphase an. Wichtige Entscheidungen müssen getroffen werden. Wenn Sie davon träumen, dass Sie hilflos in einem Labyrinth umherirren, sollten Sie darauf achten, sich nicht von Fremden oder Freunden herumkommandieren zu lassen. Denken Sie über Ihr Leben nach. Finden Sie Ihren eigenen Weg, dann können Sie das Labyrinth des Lebens mühelos durchqueren. Positives kündigt ein grünes Labyrinth an: Ein scheinbarer »Misserfolg« wird sich als Glücksfall erweisen! Was Sie im Moment als schmerzlichen Verlust beklagen, wird sich für die Zukunft als äußerst positiv erweisen.

EINE MAHLZEIT im wirklichen Leben sättigt und kräftigt. Wenn Sie im Traum essen, dann bedeutet das: Sie werden gestärkt durch Ihr weiteres Leben gehen. Essen in der Gruppe ermahnt zu einem besseren Miteinander. Kümmern Sie sich wieder intensiver um Menschen, die Ihnen nahe stehen. Völlerei im Traum ist kein Hinweis auf Reichtum, sondern eher eine Warnung: Seien Sie nicht so egoistisch! Wenn Sie andere – womöglich hungrig – zuschauen lassen, wie Sie essen, sollten Sie darüber nachdenken, wie Sie mit Ihren Mitmenschen umgehen. Sind Sie manchmal zu egoistisch? Wenn Sie eine Mahlzeit im Traum mit Widerwillen oder sogar Abscheu einnehmen, sollten Sie darüber nachdenken, was Sie im wirklichen Leben gerade tun. Haben Sie sich von einem Vorgesetzten eine Aufgabe »aufs Auge drücken« lassen, die Ihnen überhaupt nicht liegt? Tun Sie etwas für Mitmenschen, die Sie nicht mögen, etwas, das Ihnen widerstrebt? Überlegen Sie, ob Sie nicht ablehnen sollten, was Ihnen nicht behagt.

NACKTHEIT: Wenn Sie im Traum ganz gelassen nackt durchs Leben schreiten, dann ist das vermutlich ein Ausdruck Ihrer Sehnsucht nach mehr Offenheit und Ehrlichkeit. Verstellen

Sie sich zu viel? Würden Sie sich wohler fühlen, wenn Sie offener und ehrlicher wären? Wenn Ihnen im Traum ein hässlicher nackter Mensch des anderen Geschlechts begegnet, ist Vorsicht vor voreiligen Liebesaffären geboten. Sehen Sie hingegen einen schönen nackten Vertreter des anderen Geschlechts, können Sie sich auf die Erfüllung eines intensiv gehegten Wunsches freuen. Wenn Sie im Traum unerwartet einem nackten Menschen gegenüberstehen und erschrecken, können Sie sich darauf gefasst machen, dass Ihnen auch im Leben ein Schreck bevorsteht. Wenn Sie sich im Traum ausziehen, um ein erfrischendes Bad zu nehmen, dann birgt das eine positive Botschaft: Sie können erfolgreich sein, wenn Sie ganz Sie selbst sind und sich nicht verstellen. Dann erreichen Sie mit Eifer und Fleiß fast jedes Ziel. Wenn Sie Ihre Kleider nicht wiederfinden, sollten Sie darüber nachdenken, ob Sie zu viel wagen – beruflich oder privat.

Obst steht im Traum oft für so etwas wie eine momentane Bestandsaufnahme. Faules Obst weist auf Unsicherheit und Unzufriedenheit hin. Was können Sie in Ihrem Leben ändern, um glücklicher zu sein? Vielleicht fühlen Sie sich wohler, wenn Sie eine mögliche Beförderung nicht anstreben? Vielleicht würde Sie der Stress in gehobener Position krank machen? Frisches, schmackhaftes Obst symbolisiert Lebensfreude und Zufriedenheit – oder es sagt Ihnen: Sie könnten wirklich glücklicher sein, als Sie sind. Andere beneiden Sie um Ihr Leben, Ihre Familie und Ihre Freunde.

Ein Palast steht für die Sehnsucht nach einem besseren Leben und warnt vor übertriebenen Wünschen. Fragen Sie sich: Achte ich zu sehr auf das Materielle und zu wenig auf das Geistige? Kommen Sie im Traum plötzlich in den Besitz eines Palastes, dann ist das als Warnung vor einer nahenden Notsituation zu verstehen. Bewundern Sie den Palast in all seiner Schönheit wie ein Bild in einem Museum, nämlich als nüchterner Betrachter ohne Besitzgier, dann kommt Gutes auf Sie zu. Wenn Sie sich in einem prunkvollen Palast aushalten lassen, sollten Sie auf der Hut sein. Sie könnten in Abhängigkeiten geraten, die vielleicht sehr schmerzlich sind, weil Sie zu viel von Ihrer persönlichen Freiheit aufgeben müssen. Wägen Sie ab, was Ihnen wichtiger ist: äußerer Glanz oder tief verwurzelte Zufriedenheit.

Eine Quelle, aus der klares Wasser sprudelt, verspricht eine glückliche Zukunft, und zwar in jeder Hinsicht, sowohl beruflich als auch privat. Aufrichtige Freunde machen das Leben lebenswerter. Trübes Quellwasser warnt vor Misserfolgen und unaufrichtigen »Freunden«, die hinter Ihrem Rücken schlecht über Sie reden. Im Beruf müssen Sie damit rechnen, dass man gegen Sie intrigiert. Trocknet die Quelle aus, kommt keineswegs unabwendbares Unglück auf Sie zu, aber Sie müssen sich auf Ihre Qualitäten und positiven Eigenschaften besinnen. Mag sein, dass Sie die Protektion eines Gönners verlieren, aber aus eigener Kraft können Sie noch größere Erfolge erringen. Nehmen Sie im Traum ein erfrischendes Bad in einer klaren Quelle? Dann kommt Gutes auf Sie zu. Selbst wenn Sie zu Unrecht verdächtigt werden, wird es Ihnen gelingen, das richtig zu stellen. So wie das Gras vom Wasser aus der Quelle grünt und gedeiht, so wird auch Ihre Zukunft gedeihlich sein. Doch bedenken Sie, worauf die Quelle noch hinweist: Sie sprudelt nie für einzelne Menschen, sondern immer für viele. Wenn Sie andere an Ihrem Glück teilhaben lassen, wird Ihr persönliches Glück noch weiter wachsen.

Der Rabe gilt als negatives Traumsymbol. So wie er sich schwarz vom Himmel abhebt, können sich schwarze Gedanken in Ihrem Kopf breit machen. Seien Sie besonders vorsichtig, geschäftlich wie privat. Leichtsinn kann Niederlagen heraufbeschwören. Es liegt bei Ihnen, was Sie aus einer nahenden Wende machen. Falsche Entscheidungen können unglückliche Konsequenzen haben. Laut krächzende Raben warnen vor bedrückenden Nachrichten. Wenn es Ihnen im Traum gelingt, Raben zu vertreiben, können Sie Mut fassen. Es wird Ihnen noch möglich sein, Pech abzuwenden. Ein Wandel im Leben kann dann noch zum Guten führen.

Träume von der Schule können bedeuten, dass Sie die Jahre auf der Schulbank aufarbeiten oder in süßen Erinnerungen schwelgen. Sie geben aber auch deutliche Hinweise auf die Gegenwart und die Zukunft: Sie müssen auch heute noch lernen, wenn Sie im Leben bestehen wollen. Schulträume weisen auf wichtige Erfahrungen hin, die man jetzt macht und aus denen man lernen soll. Sie können aber auch wichtige Lernprozesse ankündigen, die in der Zukunft durchlebt werden müssen. Vielleicht stellt Sie das Schicksal auf die Probe. Schulträume sind oft unangenehm und doppeldeutig. Da drücken Sie wieder die Schulbank und müssen lernen, wo Sie doch froh waren, der Schule endgültig den Rücken gekehrt zu haben. Vorsicht: Sie laufen Gefahr, einen bereits begangenen Fehler zu wiederholen, indem Sie zum Beispiel einem missgünstigen Kollegen vertrauen, der Sie schon einmal bitter enttäuscht hat. Wenn Sie im Traum eine vom Lehrer gestellte Aufgabe partout nicht verstehen, sollten Sie Ihre augenblickliche Situation überdenken. Sind Sie im »richtigen« Leben dabei, etwas gründlich falsch zu verstehen?

Der Teufel als Traumsymbol steht nicht für das fremde Böse in der Hölle, sondern für einen Teil des Menschen. So wie der frömmelnde Pietist den Teufel in die Hölle tief unter der Erde verbannt, verdrängt jeder Mensch einen Teil seines Ich ins Unbewusste. Das Negative oder Unangenehme verschwindet damit aber nicht spurlos. Wenn ein Teufel in Ihrem Traum auftaucht, sollten Sie sich fragen: Welchen Aspekt meines Wesens verdränge ich? Dadurch kann man aus dem Gleichgewicht geraten. Wer das Geistige übertrieben betont, vernachlässigt leicht das Körperliche. Und wer nur seine Muskeln stählt und das Hirn vernachlässigt, ist kein ganzer Mensch. Geist und Körper sollen im Gleichgewicht sein. Wie ist das bei Ihnen? Sehen Sie nur Ihre Pflichten? Vernachlässigen Sie Ihr Vergnügen? Akzeptieren Sie nur Ihre ernste

Seite? Verbieten Sie es sich selbst, auch einmal einfach nur ausgelassen zu sein?

Träume vom Urlaub melden Ihnen ein dringendes Bedürfnis nach Entspannung und Erholung. Sind Sie gestresst und überanstrengt? Verlangen Sie zu viel von sich selbst? Stecken Sie sich zu hohe Ziele, die Sie auf Dauer gar nicht alle erreichen können? Dann müssen Sie unbedingt kürzer treten. Der Traum vom trägen Urlauberdasein kann aber auch eine Warnung ganz anderer Art zum Ausdruck bringen. Womöglich bietet sich Ihnen eine Chance, die Sie auf keinen Fall verschlafen sollten. Die Deutung des Symbols Urlaub hängt also ganz von Ihrer persönlichen Situation ab. Nur Sie selbst können erkennen, ob Sie kürzer treten oder besser auf Ihre Chancen achten sollten!

Wenn Sie von einem Vampir träumen, so bedeutet dies möglicherweise, dass Sie Angst haben, ausgenutzt zu werden. Ist Ihr Leben zu einsam, weil Sie einer emotionalen Bindung ängstlich ausweichen? Und meiden Sie eine solche Bindung, weil Sie auf keinen Fall enttäuscht werden möchten? Der Traumvampir kann aber auch eine Warnung sein: Vorsicht, Sie liefern sich einem Menschen, der Ihr Vertrauen nicht verdient, zu sehr aus. Lassen Sie sich am Arbeitsplatz ausbeuten? Sind Sie als Geliebte nur eine bequeme Lückenbüßerin? Wenn Sie im Traum von einem Vampir gebissen werden, dann ist das eher ein Hinweis auf die Gegenwart oder unmittelbare Zukunft, als eine Warnung vor künftigen

Ereignissen: Achtung, da tarnt jemand egoistische Motive als Freundschaft oder Liebe!

DAS TRAUMSYMBOL WAAGE steht für Gerechtigkeit und Ausgewogenheit. Nur Sie selbst können erkennen, was Ihnen dieses Symbol mitteilen will. Der Inhalt der Botschaft hängt von Ihrer persönlichen Lebenssituation ab. Steht bei Ihnen ein sehr starker Ordnungssinn über allem? Ist Ihr Leben durch selbst auferlegte Vorschriften und fremde Verordnungen immer mehr zum Zwang geworden? Überlegen Sie, ob Sie nicht toleranter im Denken sein sollten. Genießen Sie das Leben ein wenig, statt ständig nur Prinzipien zu reiten. Oder ist Ihre Lebenswaage aus dem Gleichgewicht geraten, weil Sie Ihre Ziele zu egoistisch verfolgt oder aber Ihre eigenen Interessen völlig aus dem Blickfeld verloren haben? Eine Waage im Traum kann sowohl ein Leben ohne Regeln kritisieren als auch ein Leben ohne spontane Freiheit bemängeln. Bringen Sie also, wenn Sie von einer Waage träumen, Ihr Leben so ins Gleichgewicht, dass weder freudiges Vergnügen noch ernsthafte Pflichterfüllung zu kurz kommen.

DAS XYLOPHON ist ein nicht besonders weit verbreitetes Instrument. Träumen Sie davon, so werden Sie Neues über sich und Ihre Talente erfahren. Haben Sie sich bislang für einen fantasielosen Menschen gehalten? Dann versuchen Sie doch einmal zu malen oder zu musizieren. Sie können mehr, als Sie sich selbst zutrauen. Ein defektes Xylophon mahnt: Gut gemeinte Ratschläge nicht einfach in den Wind schlagen!

EIN ZWEIG mit saftigen grünen Blättern darf Sie optimistisch stimmen. Erfolge stehen ins Haus! Ist der Zweig hingegen vertrocknet, so drohen Pleiten und Pannen. Warum? Sie sollten bereit sein, mit der Vergangenheit zu brechen. Es lohnt sich nicht, Pläne, die einmal gescheitert sind, immer wieder beleben zu wollen. Wagen Sie sich an neue Projekte! Andererseits dürfen Sie auch nicht zu früh aufgeben. Wenn Sie von Zweigen träumen, die verdorrt am Boden liegen, dann heißt das: Sie haben gute Pläne nicht energisch genug verfolgt.

Vom Nutzen der Traumdeutung

Wenn Sie Ihr Traumtagebuch fleißig führen, werden Sie feststellen, dass manche Ihrer Träume ganz konkrete Abbilder künftiger Erlebnisse sind. Träume können aber auch vor künftigen Ereignissen warnen. Dank der Wahrsagung im Traum sind Sie dann in der Lage, rechtzeitig etwas zu unternehmen.

Vordergründig erschreckende Visionen können in Wirklichkeit wohlmeinende und hilfreiche Hinweise aus der Traumwelt sein.

Ein Beispiel: Im Traum sehen Sie sich selbst, wie Sie versuchen, eine Treppe zu erklimmen. Die ersten Stufen schaffen Sie spielend, doch dann wird es schwerer und immer schwerer. Ihre Füße versinken förmlich in den Stufen. Nur mit höchster Anstrengung ist es Ihnen möglich, sich Millimeter für Millimeter voranzukämpfen. Der Traum kann sich auf Ihr berufliches Vorankommen beziehen, muss aber keineswegs eine pessimistische Zukunftsschau sein. Überlegen Sie, was ein solcher Traum für Sie ganz persönlich bedeuten mag.

Vielleicht haben Sie sich, auf Beförderung und höheres Gehalt hoffend, spezialisiert. Es mag aber sein, dass Sie aufs falsche Pferd gesetzt haben. Ist es an der Zeit, einen eingeschlagenen Weg zu überdenken und zu korrigieren? Vielleicht bedeutet der Traum aber auch, dass Sie einfach viel zu ehrgeizig sind und viel zu verbissen kämpfen. Vielleicht sind es gar nicht die äußeren Umstände, die Sie am Vorwärtskommen hindern. Ist es nicht vielmehr Ihre verkrampfte Haltung? Haben Sie Ihre Lockerheit verloren, die Ihnen früher so schöne Erfolge schenkte?

Ein anderes Beispiel: Sie erleben im Traum Ihre eigene Beerdigung. Ein solcher Traum muss keineswegs Ihr baldiges Ableben ankündigen. Die Traumbotschaft mag durchaus positiv sein, und zwar in dem Sinne, dass Sie Ihnen rät: Überprüfen Sie Ihr Verhalten, im Beruf vielleicht oder im Privatleben. Sind Sie noch wirklich Sie selbst? Oder tun Sie Dinge, die ganz und gar nicht Ihrem Wesen entsprechen? Lassen Sie die »falsche Seite« Ihres Ich sterben. Sie werden wieder glücklich und zufrieden sein, sobald Sie wieder Sie selbst sind. Vermeintlich negative, ja düstere Traumbilder können auf positive Möglichkeiten hinweisen. Der Tod im Traum steht oft für den Abschied von Überkommenem!

Astrologie in West und Ost

Uhrwerk Sonnensystem – Uhrwerk Astrologie

Astrologie ist eine Erfahrungswissenschaft. Sie beobachtet das Leben von uns Menschen. Sie studiert, wann es uns gut und wann es uns schlecht geht. Sie hält fest, wann wir Zeiten der Krise und Zeiten der Chance erleben. Und sie stellt analoge Beziehungen zwischen dem Leben und den Sternzeichen fest. Auf diese Weise wurden im Laufe der Jahrtausende Regelmäßigkeiten und Zusammenhänge entdeckt, die nicht geleugnet werden können.

Wie lange Astrologie schon betrieben wird, vermag niemand genau zu sagen. Vor etwa fünf Jahrtausenden entstand in England ein Vorläufer der mysteriösen Riesensteinanlage von Stonehenge. Diente die Anlage – wie einige Wissenschaftler meinen – der Ausübung der astronomisch-astrologischen Kunst? Schon im dritten vorchristlichen Jahrtausend beobachteten die Sumerer die »sieben Gestirne« Mond, Sonne, Venus, Merkur, Mars, Jupiter und Saturn. Im zweiten Jahrtausend errichteten sie Türme, deren Stockwerke eben diese »sieben Gestirne« symbolisch darstellten. Astrologische Lehren wurden entwickelt. Waren es die ersten? Wir wissen es nicht.

Aus astrologischer Sicht ist unser Sonnensystem ein riesiges, höchst komplexes Uhrwerk. Astrologen versuchen seit vielen Jahrtausenden zu ergründen, nach welchen Regeln dieses Uhrwerk läuft. Sie observieren den Himmel und erkennen Zusammenhänge – zwischen Himmel und Erde, den Planeten und dem Leben der Menschen.

Sie können die Erkenntnisse der Astrologie nutzen, um über Ihr eigenes Leben nachzudenken.

Wahrsagen muss ja nicht ausschließlich auf die Zukunft gerichtet sein. Es kann auch dazu dienen, die Gegenwart zu entschlüsseln.

Vielleicht wenden Sie ein, dass Sie die Gegenwart kennen. Sie sind vielleicht davon überzeugt, über Ihr augenblickliches Leben Bescheid zu wissen. Aber ist das wirklich so? Und entspricht Ihr jetziges Leben wirklich Ihren ganz persönlichen Neigungen und Eigenschaften? Läuft vielleicht etwas schief, weil Sie anders handeln, als Sie sollten und möchten? Leben Sie mit den kosmischen Gesetzen oder – zumindest teilweise – gegen sie?

Können Sie etwas an Ihrem Leben ändern, damit es mehr Ihrem eigentlichen, innersten Ich entspricht? Können Sie sich in Zukunft entsprechend Ihrer Eigenschaften und Veranlagungen verhalten, so dass Ihr Leben authentischer wird? Mit Hilfe der Astrologie können Sie Ihr Leben so verändern, dass es mehr Ihrem wirklichen Wesen entspricht. Oder die Astrologie kann Ihnen Sicherheit geben, indem sie Ihnen bestätigt, dass Sie Ihren Anlagen und Fähigkeiten gemäß leben.

Die Astrologie ist aber eine komplizierte Kunst, die selbst dem noch Überraschungen zu bieten hat, der sich ein Leben lang mit ihr beschäftigt.

Der Astrologe ist ein ewiger Student. Daher kann die Astrologie in einer Kurzdarstellung wie dieser auch nur andeutungsweise beschrieben werden.

Stellen Sie sich unser Sonnensystem als einen riesigen, komplizierten Mechanismus vor. Astrologen beobachten nun, wie das Leben sehr vieler Menschen verläuft, und stellen dabei gewisse allgemein gültige Gesetzmäßigkeiten fest. Sie erkennen Zusammenhänge zwischen konkreten Planetenkonstellationen und ganz bestimmten Tendenzen. Diese gesetzmäßigen Zusammenhänge gelten offenbar immer: in der Vergangenheit wie in der Gegenwart. Daraus leiten Astrologen ab, dass man auf der Basis dieser Gesetzmäßigkeiten auch berechnen kann, in welche Richtung der Lebensweg eines Menschen in Zukunft tendiert.

In der Astrologie gilt:

Das Tierkreiszeichen bestimmt die grundlegenden Wesenszüge eines Menschen.

Das Tierkreiszeichen, auch Sternzeichen genannt, wird von der Sonne bestimmt. Wenn die Sonne zum Zeitpunkt Ihrer Geburt von der Erde aus betrachtet im Zeichen des Löwen stand, sind Sie ein Löwe. Ihr Sternzeichen erlaubt einige recht konkrete Aussagen über Sie, Ihr Verhalten, Ihr Wesen, Ihren Charakter.

Unter welchem Sternzeichen sind Sie geboren? Was sagt es über Sie aus? Treffen die Aussagen zu? Seien Sie kritisch sich selbst gegenüber: Vielleicht verhalten Sie sich ja im Leben nicht so, wie es Ihrem Sternzeichen entspräche. Sind Sie deshalb nicht zufrieden mit Ihrem Leben? Wo könnten Sie etwas ändern?

Die Sternzeichen und ihre Eigenschaften

Widder (21. März – 20. April)

Der typische Widder hat Mut und große Willenskraft. Strebsam agiert er mit großer Unternehmungslust. Dabei ist er oft ungeduldig und launisch – und neigt zu Jähzorn. Energisch setzt er seine Pläne in die Tat um.

Stier (21. April – 20. Mai)

Dem Stier haben die Sterne ein ausgeprägtes Selbstbewusstsein geschenkt. Standhaft vertritt er seine Meinung, wobei er manchmal zu Eigensinn neigt. Seine Vitalität wirkt oft ansteckend. Sein Ordnungssinn grenzt manchmal an Pedanterie. So gütig wie er oft ist, so nachtragend kann er auch sein. Seine Erdnähe verhindert, dass er in Spinnereien abdriftet.

Zwillinge (21. Mai – 21. Juni)

Der typische Vertreter des Zeichens »Zwillinge« ist gewandt und humorvoll. Er ist vielseitig interessiert, ja neugierig. Mit seinem Elan kann er andere gut überzeugen, aber auch seine Nervosität wirkt oft ansteckend. Manchmal neigt er dazu, nachlässig zu sein. Scharfsinn und Flexibilität sind echte Stärken des unter dem Zeichen der Zwillinge geborenen Menschen.

Krebs (22. Juni – 22. Juli)

Der echte Krebs ist sensitiv und gefühlvoll. Seine vorsorgende Art lässt ihn besonders die ruhige Häuslichkeit schätzen. Manchmal überrascht er seine Umwelt durch Reizbarkeit, launisches Verhalten und Herrschsucht. Dabei ist er doch einsichtig!

Löwe (23. Juli – 23. August)

Der typische Löwe genießt und herrscht. Er sonnt sich gern im Licht der Aufmerksamkeit und lässt sich von seinen Mitmenschen bewundern. Luxus ist für ihn keine Verschwendung. Er hat ein gesundes Selbstvertrauen und echte Ideale, die ihm wichtig sind. Mut und Stolz zeichnen ihn aus. Macht liebt er – der Selbstverliebte.

Jungfrau (24. August – 23. September)

Die echte Jungfrau liebt Ordnung und Gründlichkeit. Sie hat einen scharfen Verstand. Auf ihre Umwelt wirkt sie oft schulmeisterlich und übertrieben kritisch. Ihr Fleiß mag manchmal übertrieben stark auf materiellen Gewinn ausgerichtet sein.

Waage (24. September – 23. Oktober)

Die Waage hat nach astrologischer Lehrmeinung einen Hang zur Bequemlichkeit und Gleichgültigkeit. Manchmal fehlt es ihr an Beständigkeit. Sie gilt als hilfsbereit und sympathisch. Man sagt ihr einen ausgeprägten Sinn für Schönheit und Eleganz nach.

Skorpion (24. Oktober – 22. November)

Astrologen sagen dem Skorpion eine gehörige Portion Forschergeist nach. Dank seiner Willenskraft und seines Fleißes erreicht er seine Ziele. Doch Vorsicht: Auch Rachsucht, unbeherrschtes Wesen und Schwerversöhnlichkeit gehören zu seinem Repertoire. Selbstbeherrschung ist nicht gerade seine Stärke.

Schütze (23. November – 22. Dezember)

Der religiöse Schütze neigt manchmal zur Frömmelei. Offenherzig wie er ist, geht er gern auf fremde Ideen ein. Fremdes Leid schmerzt ihn. Unternehmungslustig packt er viel an. Sein Eigensinn und seine Ruhelosigkeit lassen ihn manchmal sprunghaft erscheinen.

Steinbock (23. Dezember – 20. Januar)

Der typische Steinbock ist ausdauernd, von starker Willenskraft und ernst. Schweigsam denkt er nach und ist eher introvertiert als extrovertiert. Klugheit hilft ihm im Leben weiter. Disziplin hält er für unverzichtbar. Leider ist er aber auch etwas hartherzig und starrköpfig. Er blickt eher pessimistisch in die Zukunft.

Wassermann (21. Januar – 19. Februar)

Der typische Wassermann gilt als liebenswürdig, zuverlässig und treu – sich und seinen eigenen Idealen, aber auch seinen Mitmenschen gegenüber. Ihm wird eine ausgeprägte Neigung zum Okkultismus nachgesagt.

Fische (20. Februar – 20. März)

Der »echte« Fischegeborene ist nach astrologischer Erkenntnis feinfühlig, friedfertig und heiter. Er hat ein ausgeprägtes Gefühlsleben. Innerlich unruhig geht er manchmal etwas träumerisch durchs Leben. Er ist medial veranlagt, aber es gebricht ihm oft an Selbstvertrauen. Fantasie ist eine seiner Stärken.

Erinnern Sie sich bitte an unser Modell: Die Astrologie sieht unser Sonnensystem als äußerst kompliziertes Uhrwerk. Die Sternzeichen sind mit dem Stundenzeiger dieser Uhr vergleichbar. Sie geben die »grobe Richtung« an: eine *mögliche* Richtung. Ihr Sternzeichen weist auf, welche Kräfte zur Zeit Ihrer Geburt wirksam waren und verdeutlicht die Chancen und Möglichkeiten, die das Leben Ihnen bietet. Es können natürlich auch Hemmnisse und Blockaden sein. Doch vergessen Sie nicht: Auch und gerade positive Potenziale können Ihre Entwicklung hemmen!

Neben dem »Zeiger« Tierkreiszeichen (oder Sternzeichen genannt) gibt es noch diverse andere, feinere Zeiger, die ein detaillierteres Ergebnis ermöglichen. Wichtig für die Erstellung eines astrologischen Horoskops ist auch der Aszendent. Der Aszendent ist jenes Tierkreiszeichen, das zum exakten Zeitpunkt der Geburt am exakten Ort der Geburt im Osten aufgegangen ist Der Aszendent zeigt an, was ein Mensch nach außen hin darstellt. Als Deszendent bezeichnet man das Tierkreiszeichen, das zum genauen Zeitpunkt der Geburt am genauen Geburtsort im Westen untergegangen ist. Der Deszendent steht für das Tierkreiszeichen, zu dem sich der Mensch besonders stark hingezogen fühlt.

Der Aszendent verdeutlicht das Bild, das wir von uns zeigen, wie wir uns unserer Umwelt gegenüber geben.

Er verrät uns, wie wir auf unsere Mitmenschen wirken. Der Deszendent legt offen, was uns an unseren Mitmenschen besonders gut gefällt, gibt aber auch Aufschluss darüber, was uns besonders an ihnen ärgert. Der Aszendent verrät viel über das Ich. Aber auch der Deszendent sagt indirekt viel über das Ich aus. Er regt zum Nachdenken an: Wie sind wir? Was gefällt und was stört uns an unseren Mitmenschen? Freuen wir uns über Eigenschaften unserer Mitmenschen, die wir bei uns selbst nicht zulassen? Ärgern wir uns über bestimmte Verhaltensweisen anderer, die wir bei uns selbst verdrängen? Konkret: Bewundern Sie den abenteuerlustigen Reiseschriftsteller und verdrängen, dass Sie selbst gern spontaner und unternehmungslustiger wären? Ärgern Sie sich über die spießige Pedanterie des Nachbarn, weil Sie sich insgeheim selbst für einen Spießer halten? Schimpfen Sie lauthals über die hemmungslosen Tortenschlachten der Nachbarin, weil Sie selbst Angst davor haben, übergewichtig zu werden?

Neben der Sonne spielen die Planeten eine ganz fundamentale Rolle in jedem Horoskop: Welche Planeten standen wo in welcher Verbindung am Himmel, als Sie geboren wurden? Jeder Planet hat nach astrologischer Weltsicht bestimmende Eigenschaften. Der Mars gilt als der kämpferisch

Aggressive. Die Venus, auch als Liebesgöttin bekannt, steht für liebevollen Ausgleich. Merkur steht für Vermittlung zwischen unterschiedlichen Standpunkten, aber auch für pfiffige Schlagfertigkeit. Jupiter macht seinem Rang als Götterchef alle Ehre. Saturn lässt Grenzen erkennen. Er ruft zur Ordnung und trägt Verantwortung. Uranus symbolisiert eine exzentrische Einstellung und unstetes Verhalten. Neptun ist der König über das Unbewusste. Pluto neigt dazu, auf Prinzipien zu beharren, auf die er sich einmal festgelegt hat, und ist ein harter Bursche. Die Sonne schließlich wird mit dem männlichen, machtvollen Prinzip identifiziert. Die Sonne gibt, während der dem weiblichen Prinzip zugeordnete Mond aufnimmt und reflektiert. Zu jedem Sternzeichen gehört ein Planet mit einem Götternamen. Dabei gelten Sonne und Mond nach altem astrologischem Weltbild als Planeten.

Widder	–	Mars
Stier	–	Venus
Zwillinge	–	Merkur
Krebs	–	Mond
Löwe	–	Sonne
Jungfrau	–	Merkur
Waage	–	Venus
Skorpion	–	Pluto
Schütze	–	Jupiter
Steinbock	–	Saturn
Wassermann	–	Uranus
Fische	–	Neptun

In der klassischen abendländischen Astrologie ist es die Sonne, die das Leben eines jeden Menschen bestimmt. Mars dominiert das Feld Energie und Lebenskraft, Venus wirkt sich auf Liebe und Erotik aus, Merkur auf die Kommunikation. Der Mond gilt als Partner und Gegenstück der Sonne. Pluto steht im Zusammenhang mit den Prinzipien, die der Mensch hat oder eben nicht. Jupiter ist Symbol für Macht und Gerechtigkeit, Saturn weist auf Grenzen und Verantwortung hin, Uranus auf Wahrheit und Erkenntnis. Neptun schließlich ist für die Spiritualität des Menschen zuständig.

Für das Horoskop ist die Sonne wichtig, aber mindestens ebenso wichtig sind die Planeten und ihre Stellung zum Zeitpunkt der Geburt. Hier sind unzählige Kombinationen möglich. Zwei oder mehrere Planeten können zum Beispiel in der gleichen Position am Himmel stehen (Konjunktion), sie können sich aber auch gegenüberstehen (Opposition). Der Astrologiekundige beobachtet die Winkel, in denen die Planeten zueinander stehen, und weiß das astrologisch zu deuten. Bei der Erstellung eines Horoskops ist eine Fülle von Daten zu berücksichtigen, die dann ein wirklich individuelles Bild ergeben. Deshalb gleicht kein Horoskop dem anderen. So einzigartig wie die Fingerabdrücke jedes Menschen sind, so unverwechselbar ist auch sein ganz persönliches Horoskop.

Ein seriöser Astrologe sagt Entwicklungstendenzen voraus.

Wer unter dem Deckmäntelchen der Astrologie konkrete Ereignisse prognostiziert oder gar behauptet, aus dem Horoskop herauslesen zu können, wann genau eine Prüfung bestanden, eine glückliche Ehe geschlossen oder ein Vertrag platzen wird, betreibt keine seriöse Astrologie.

▶ Ein astrologisches Experiment

Nehmen Sie sich einen Nachmittag Zeit, um über Ihre guten und weniger guten Eigenschaften nachzudenken. Wie verhalten Sie sich Ihren Mitmenschen gegenüber? Wie setzen Sie sich durch? Wie wichtig sind Ihnen die Interessen anderer? Notieren Sie, was Ihnen an sich selbst gefällt und was Sie stört. Bringen Sie zu Papier, wie Sie gern wären. Schreiben Sie auf, welche Ihrer positiven Eigenschaften ausgeprägter sein sollten. Wenn Sie meinen, eine vollständige Selbstdarstellung zu Papier gebracht zu haben, dann vergleichen Sie sie mit den Merkmalen Ihres Sternzeichens. Gibt es Übereinstimmungen? Die positiven Eigenschaften, die Ihnen die Astrologie zubilligt, können Sie – mit Unterstützung der Sterne – besonders einfach herausarbeiten und forcieren. Lassen Sie sich von den Sternen dabei helfen, Ihre positiven Eigenschaften besser zur Geltung zu bringen.

Chinesische Astrologie – Weg zur kosmischen Harmonie

Haben Sie auch manchmal das Gefühl, dass wir im christlichen Abendland das große Ganze zu sehr aus dem Blick verlieren und es auf allen Gebieten zu immer stärkerer Spezialisierung kommt? Ganz anders war und ist das in China. Die jahrtausendealte chinesische Kultur ist von einer tiefen Sehnsucht nach Harmonie geprägt. Bei der Erkundung des Menschen und seiner Lebensweise behielt man im Alten China immer das Ideal der Ganzheitlichkeit im Blick. Alles galt als Teil einer übergeordneten kosmischen Ordnung. Der Mensch muss moralisch handeln – im Geist der kosmischen Harmonie. Der Mensch muss, so gut er kann, der natürlichen Ordnung entsprechend leben.

Wie aber kann man diese Ordnung erkennen? Ein Hilfsmittel der Erkenntnis war und ist die chinesische Astrologie. Sie zeigt dem Menschen, wie er sich in die kosmische Harmonie einfügen kann, und regt zum Nachdenken an:

Wo kann ich mein Verhalten wie verändern, damit ich in der Lage bin, meinen kleinen Beitrag zur kosmischen Harmonie zu leisten?

Dies ist der wichtigste Grundsatz des chinesischen Denkens: Das Leben wird von zwei sich ergänzenden Kräften bestimmt, nämlich von Yin und Yang, die einander entgegengesetzt »gepolt« sind. Jeder Mensch hat Yin und Yang in sich, weibliche und männliche Aspekte, aktive und passive Seiten, aggressive und duldsame Komponenten. Genauso widersprüchlich und gleichzeitig ausgewogen ist auch das gesamte Universum aufgebaut.

Die zwei Seelen in der Brust jedes Menschen sind ebenso gegensätzlich. Pe, die »niedere Seele«, steht für die materiellen Bedürfnisse des Menschen. Hon, die »höhere Seele«, regiert das geistige Leben. Die Auffassung von den beiden Seelen ist ein fester Bestandteil der esoterischen Lehren, die beispielsweise von den Anhängern Laotses (580–530 v. Chr.) vertreten werden.

Im christlichen Abendland gilt es stets, dem Positiven zum Sieg zu verhelfen. Das Gute soll gewinnen, das Schlechte soll verlieren.
Die chinesische Philosophie hingegen strebt den Ausgleich zwischen Plus und Minus an.

Es soll eine Harmonie hergestellt werden zwischen den entgegengesetzten Polen. Die chinesische Astrologie wird, wie schon gesagt, als Mittel zur Selbsterkenntnis und als Weg zur kosmischen Harmonie gesehen.

Im Gegensatz zur westlichen Astrologie ist die chinesische nicht nach der Sonne, sondern nach dem Mond ausgerichtet. Das macht es etwas komplizierter festzustellen, welchem chinesischen Tierzeichen man angehört. Der Ursprung dieser Zeichen verliert sich im Dunkel der Geschichte. Einer Legende nach wollte sich Buddha einst von allen Tieren verabschieden. Erschienen sind aber nur zwölf Tiere. Zur Belohnung für ihre Treue widmete Buddha jedem dieser Tiere ein eigenes Mondjahr. So, sagt man, sei der Zyklus der zwölf Mondjahre entstanden.

Ratte

31. Januar 1900	bis	18. Februar 1901
18. Februar 1912	bis	5. Februar 1913

5. Februar 1924	bis	24. Januar 1925
24. Januar 1936	bis	10. Februar 1937
10. Februar 1948	bis	28. Januar 1949
28. Januar 1960	bis	14. Februar 1961
16. Januar 1972	bis	2. Februar 1973
2. Februar 1984	bis	19. Februar 1985
19. Februar 1996	bis	7. Februar 1997
7. Februar 2008	bis	27. Januar 2009

Büffel

19. Februar 1901	bis	7. Februar 1902
6. Februar 1913	bis	25. Januar 1914
25. Januar 1925	bis	12. Februar 1926
11. Februar 1937	bis	30. Januar 1938
29. Januar 1949	bis	16. Februar 1950
15. Februar 1961	bis	4. Februar 1962
3. Februar 1973	bis	22. Januar 1974
20. Februar 1985	bis	8. Februar 1986
8. Februar 1997	bis	27. Januar 1998
28. Januar 2009	bis	13. Februar 2010

Tiger

8. Februar 1902	bis	28. Januar 1903
26. Januar 1914	bis	13. Februar 1915
13. Februar 1926	bis	1. Februar 1927
31. Januar 1938	bis	18. Februar 1939
17. Februar 1950	bis	5. Februar 1951
5. Februar 1962	bis	24. Januar 1963

23. Januar 1974	bis	10. Februar 1975
9. Februar 1986	bis	28. Januar 1987
28. Januar 1998	bis	15. Februar 1999
14. Februar 2010	bis	2. Februar 2011

Hase

29. Januar 1903	bis	15. Februar 1904
14. Februar 1915	bis	2. Februar 1916
2. Februar 1927	bis	22. Januar 1928
19. Februar 1939	bis	7. Februar 1940
6. Februar 1951	bis	26. Januar 1952
25. Januar 1963	bis	12. Februar 1964
11. Februar 1975	bis	30. Januar 1976
29. Januar 1987	bis	16. Februar 1988
16. Februar 1999	bis	4. Februar 2000
3. Februar 2011	bis	22. Januar 2012

Drache

16. Februar 1904	bis	3. Februar 1905
3. Februar 1916	bis	22. Januar 1917
23. Januar 1928	bis	9. Februar 1929
8. Februar 1940	bis	26. Januar 1941
27. Januar 1952	bis	13. Februar 1953
13. Februar 1964	bis	1. Februar 1965
31. Januar 1976	bis	17. Februar 1977
17. Februar 1988	bis	5. Februar 1989
5. Februar 2000	bis	23. Januar 2001
23. Januar 2012	bis	9. Februar 2013

Schlange

4. Februar 1905	bis	24. Januar 1906
23. Januar 1917	bis	10. Februar 1918
10. Februar 1929	bis	29. Januar 1930
27. Januar 1941	bis	14. Februar 1942
14. Februar 1953	bis	2. Februar 1954
2. Februar 1965	bis	20. Januar 1966
18. Februar 1977	bis	6. Februar 1978
6. Februar 1989	bis	26. Januar 1990
24. Januar 2001	bis	11. Februar 2002
10. Februar 2013	bis	30. Januar 2014

Pferd

25. Januar 1906	bis	12. Februar 1907
11. Februar 1918	bis	31. Januar 1919
30. Januar 1930	bis	16. Februar 1931
15. Februar 1942	bis	4. Februar 1943
3. Februar 1954	bis	23. Januar 1955
21. Januar 1966	bis	8. Februar 1967
7. Februar 1978	bis	27. Januar 1979
27. Januar 1990	bis	14. Februar 1991
12. Februar 2002	bis	31. Januar 2003
31. Januar 2014	bis	18. Februar 2015

Ziege

13. Februar 1907	bis	1. Februar 1908
1. Februar 1919	bis	19. Februar 1920
17. Februar 1931	bis	5. Februar 1932

5. Februar 1943	bis	24. Januar 1944
24. Januar 1955	bis	11. Februar 1956
9. Februar 1967	bis	29. Januar 1968
28. Januar 1979	bis	15. Februar 1980
15. Februar 1991	bis	3. Februar 1992
1. Februar 2003	bis	21. Januar 2004
19. Februar 2015	bis	7. Februar 2016

Affe

2. Februar 1908	bis	21. Januar 1909
20. Februar 1920	bis	7. Februar 1921
6. Februar 1932	bis	25. Januar 1933
25. Januar 1944	bis	12. Februar 1945
12. Februar 1956	bis	30. Januar 1957
30. Januar 1968	bis	16. Februar 1969
16. Februar 1980	bis	4. Februar 1981
4. Februar 1992	bis	22. Januar 1993
22. Januar 2004	bis	8. Februar 2005
8. Februar 2016	bis	17. Januar 2017

Hahn

22. Januar 1909	bis	9. Februar 1910
8. Februar 1921	bis	27. Januar 1922
26. Januar 1933	bis	13. Februar 1934
13. Februar 1945	bis	1. Februar 1946
31. Januar 1957	bis	17. Februar 1958
17. Februar 1969	bis	5. Februar 1970
5. Februar 1981	bis	24. Januar 1982

23. Januar 1993	bis	9. Februar 1994
9. Februar 2005	bis	28. Januar 2006
18. Januar 2017	bis	15. Februar 2018

Hund

10. Februar 1910	bis	29. Januar 1911
28. Januar 1922	bis	15. Februar 1923
14. Februar 1934	bis	3. Februar 1935
2. Februar 1946	bis	21. Januar 1947
18. Februar 1958	bis	7. Februar 1959
6. Februar 1970	bis	26. Januar 1971
25. Januar 1982	bis	12. Februar 1983
10. Februar 1994	bis	30. Januar 1995
29. Januar 2006	bis	17. Februar 2007
16. Februar 2018	bis	4. Februar 2019

Schwein

30. Januar 1911	bis	17. Februar 1912
16. Februar 1923	bis	4. Februar 1924
4. Februar 1935	bis	23. Januar 1936
22. Januar 1947	bis	9. Februar 1948
8. Februar 1959	bis	27. Januar 1960
27. Januar 1971	bis	15. Februar 1972
13. Februar 1983	bis	1. Februar 1984
31. Januar 1995	bis	18. Februar 1996
18. Februar 2007	bis	6. Februar 2008
5. Februar 2019	bis	24. Januar 2020

Eigenschaften der chinesischen Sternzeichen

RATTEN sind kluge Problemlöser. Sie haben ganz konkrete Vorstellungen davon, wie das Leben abzulaufen hat. Sie organisieren gut und haben ein verlässliches Bauchgefühl. In ein Team können sie sich nicht besonders gut einfügen. Eine gewisse Neigung zu Aggression verbergen sie geschickt hinter ihrem Charme. So fällt es ihnen leicht, viele Bekanntschaften zu schließen, während echte Freundschaften bei ihnen seltener sind. Haben sie aber jemanden ins Herz geschlossen, können sie erstaunlich großzügig sein. In Geldfragen sind sie eher geizig als verschwenderisch.

BÜFFEL sind fleißige Idealisten. Sie arbeiten mit Ausdauer an Projekten und folgen stur ihren Idealen. Stress bewältigen sie gut, doch neue Wege zu beschreiten fällt ihnen schwer. Sie sind sich und anderen gegenüber ehrlich, behalten Emotionen aber eher für sich. Ihre Umwelt ist deshalb meist erstaunt, wenn so ein echter Büffel einmal zornig aufbraust. Logisches Denken und ein gutes Gedächtnis helfen dem Büffel besonders im Beruf. Auch die Kreativität kommt nicht zu kurz. Büffel sind gute Beobachter, neigen aber zu Eigensinn und sind leicht erregbar.

TIGER imponieren Freund wie Feind mit ihrem Mut. Selbstbewusst setzen sie sich durch, und Stress empfinden sie eher als abenteuerliche Herausforderung. Unterordnen mögen sie sich nicht. Lieber übernehmen sie als Anführer das

Kommando. Dann versuchen sie gern, auch etwas eigensinnig, eigene Interessen durchzusetzen. Tiger sind zu tiefer Freundschaft fähig, auch wenn sie manchmal zu sehr Besitz von anderen ergreifen. Sie setzen sich voll für ihre Ideale ein und erwarten das Gleiche auch von ihren Mitmenschen. Sie haben viel für Romantik übrig und werden von anderen wegen ihrer Liebenswürdigkeit geschätzt. Mit älteren Menschen haben Tiger in Sachen Autorität Probleme.

Hasen sind dank ihrer Freundlichkeit sehr beliebt. Allerdings stoßen sie nahe stehende Menschen manchmal mit ihrer Sprunghaftigkeit vor den Kopf. Dem echten Hasen ist ein schön eingerichtetes Zuhause sehr wichtig. Auch auf sein Äußeres legt er großen Wert. Hasen sind aufmerksame Beobachter und gute Planer. Probleme gehen sie gezielt an und haben meist gleich mehrere Lösungsvorschläge parat. Sie neigen zu einem gewissen Pessimismus und schätzen Veränderungen nicht besonders. Ihre Gefühle können schnell umschlagen, sind aber immer tief. Der echte Hase ist eher scheu. Auf riskante Geschäfte lässt er sich nicht ein.

Drachen sind ideale Machtmenschen. Sie bestimmen gern, wo es langgeht. Was ein Drache auch anpackt, es gelingt ihm, weil er sein Ziel konsequent und mit Ausdauer verfolgt. Drachen sind aber auch Träumer und sehr anpassungsfähig. Sie gehen offen auf ihre Mitmenschen zu und nutzen ihr vielseitiges Wissen kreativ, um selbst mit schwierigen Problemen fertig zu werden. Kraft und Elan zu verlieren, ist für einen echten Drachen eine schlimme Vorstellung. Manchmal übertreiben Drachen ihren Perfektionismus, und manchmal legen sie es zu sehr darauf an, anderen ein Vorbild zu sein.

SCHLANGEN sind entschlossene Wesen, die einmal gefasste Pläne unbeirrt in die Tat umsetzen. Ein ausgeprägter Wille, Intelligenz und wache Aufmerksamkeit helfen ihnen dabei. Ihr Vertrauen in die Fähigkeiten anderer ist hingegen eher begrenzt. Sie können gut mit Geld umgehen, neigen aber auch zum Geiz. Schlangen geben viel auf den ersten Eindruck, den sie von einem Menschen gewinnen, aber recht wenig auf die Ratschläge, die sie von anderen bekommen. Ihre Intuition ist ebenso gut ausgeprägt wie ihre Fähigkeit, intensiv nachzudenken. Es empfiehlt sich, lieber mit einer befreundeten Schlange zu genießen, als sich eine Schlange zum Feind zu machen. Sie kann nämlich sehr rachsüchtig sein.

PFERDE strotzen meist vor Energie und Tatendrang. Sie sind schlau und schnell im Denken. Es kommt allerdings nicht selten vor, dass ihr gerade entflammtes Interesse rasch wieder abkühlt. Sie können voll und ganz in ihrer Arbeit aufgehen, und meist stürzen sie sich begeistert auf neue Aufgaben. Es ist nicht immer leicht, ein echtes Pferd einzuschätzen: Mal tritt es arrogant auf, dann wieder bescheiden. Mal ist es neidisch und missgünstig, dann wieder tolerant. Pferde sehnen sich nach Selbstständigkeit, Anerkennung und Intimität, fühlen sich aber schnell unter Druck gesetzt. Echte Pferde sind gewöhnlich sehr beliebt. Und was den Umgang mit dem anderen Geschlecht angeht: Wahre Meister sind Pferde auf diesem Gebiet nicht.

ZIEGEN könnten eigentlich mehr aus sich machen. Sie sind voller Energie, künstlerisch und kreativ. Doch oft halten sie sich schüchtern im Hintergrund und schuften selbstlos für andere. Man schätzt ihre Hilfsbereitschaft und ihre Zuverlässigkeit. Sie können gut beobachten und gut zuhören. Zum Klagen und Jammern neigen sie nicht. Ziegen sind gefühlsbetont und romantisch. Sie scheuen den Konflikt und grübeln viel. Schweren Entscheidungen gehen sie eigentlich lieber aus dem Weg. Haben sie aber einmal eine Entscheidung getroffen, dann bleiben sie auch dabei. Organisation ist nicht ihre Stärke. Echte Ziegen gleichen einen Mangel an Redegewandtheit durch Eifer aus.

AFFEN täuschen mit ihrer lustig-putzigen Art gern darüber hinweg, dass sie recht gerissen sind. Ihr positiver Humor und ihr Charme machen sie sehr beliebt. Sie halten mit ihrer wahren Meinung nicht hinter dem Berg und geben sich offen ihren Gefühlsschwankungen hin. Intelligent und scharfsinnig lösen sie gern Probleme und schätzen neue Herausforderungen. Geld und Macht lockt sie dabei sehr. Sie sind geschäftstüchtig und hilfsbereit, überschätzen sich aber leicht.

Erfolgreiche Affen haben ein einfaches Konzept: Problem erkannt und ohne Umschweife angepackt – das bringt die schnelle Lösung! Weniger erfolgreiche Zeitgenossen behandeln sie manchmal ein wenig von oben herab.

HÄHNE analysieren jede Lage schnell und richtig. Sie sind wahre Organisationstalente. Kreativ bewältigen sie Probleme, arbeiten aber oft auf zu vielen Baustellen gleichzeitig. Wenn dann eines ihrer Projekte scheitert, sind sie sehr enttäuscht. Aufmerksam wie sie sind, entgeht ihnen kaum etwas. Selbst wollen sie aber auch aufmerksam beachtet werden, dabei könnten sie dank ihrer Fähigkeiten viel mehr Selbstbewusstsein haben. Der echte Hahn ist geradeheraus, direkt und manchmal durchaus (zu) aggressiv. Hähne lassen sich nicht so leicht hinters Licht führen und sind überhaupt etwas vorsichtig. Experimente mag der eher konservative Hahn nicht so. Wer einen Hahn zum Freund hat, weiß: Auf den kann man sich verlassen, der ist loyal. Wenn es darum geht, einem geliebten Menschen eine Freude zu machen, nimmt der Hahn viel auf sich. So mancher Hahn ist etwas exzentrisch und eher eigenbrötlerisch als gesellig.

HUNDE neigen zu einer gewissen Unterwürfigkeit. Sie sind stets freundlich. Gerechtigkeit geht ihnen über alles, und sie wissen, was Pflichtbewusstsein ist. Für ihre Freunde setzen sie sich ein und die Ehe gilt ihnen viel. Andererseits gewinnen sie nicht so leicht Freunde, vielleicht weil sie andere zu gern kritisieren. Dabei ist der Hund der ideale Freund, und verschwiegen dazu. Tratsch und Klatsch ist nichts für Hunde. Einerseits sind sie kooperativ und fügen sich gut in ein Team ein, andererseits trifft man unter Hunden relativ viele Exzentriker und Egoisten. Das Ansammeln von materiellen Reichtümern ist nicht das wichtigste Lebensziel des echten Hundes. Ob er viel besitzt oder nur wenig, er ist immer großzügig.

SCHWEINE sind nicht besonders schnell und haben es selten eilig. Kritik nehmen sie zwar zur Kenntnis, aber nicht besonders ernst. Ihre Ziele verfolgen sie mit Ausdauer und unter Einsatz all ihrer Kräfte. Aufgeben kommt im Vokabular des echten Schweins nicht vor. Untereinander sind sie hilfsbereit, Freunden stehen sie auch in schweren Zeiten gern zur Seite. Sie haben aber Probleme, wenn sie um Hilfe bitten und Hilfe annehmen sollen. Sie sind intelligent und großzügig, bleiben aber stets realistisch und erdgebunden. Anmaßend ist das echte Schwein nie. Schweine haben eine gewisse Opfermentalität. Wenn jemand übervorteilt wird, dann sie. Dennoch verlieren sie nie den Glauben an das Gute in ihren Mitmenschen. Schweine machen in der Regel nicht viele Worte, aber wenn sie einmal loslegen, sind sie kaum wieder zum Schweigen zu bringen. Fremde Meinungen lassen sie sich gar nicht gern aufdrücken. Weise jagen liebenswerte Schweine nicht nach dem schnellem Erfolg, sie können bedächtig erreichen, was andere hektisch vergeblich versuchen. Kränkungen tun ihnen oft sehr weh, auch wenn sie nur im Verborgenen weinen.

Bibelstechen und Münzwurf

In allen alten Kulturen glaubte man, dass unsichtbare Kräfte die Geschicke der Menschen lenken, sprich: ihr Schicksal bestimmen. Damals benannte man diese Kräfte nach Göttern, heute sprechen wir von archetypischen Kräften.

Die Magier und Wahrsager der Vergangenheit waren davon überzeugt, dass es ein Prinzip der Entsprechung gibt, etwa bei der Zukunftserkundung. Ein Beispiel: Nehmen wir an, Sie sind unschlüssig, ob Sie am Abend aus dem Haus gehen und sich einen Vortrag anhören sollen. Sie nehmen eine Münze und beschließen: Kopf steht für Vortrag, Zahl für Zuhausebleiben. Nach alter magischer Vorstellung wird die Münze so fallen, wie es Ihrem Schicksal entspricht. Diese simple Form der Wahrsagung verdeutlicht, worum es geht: Wahrsagen gibt einen Blick in die Zukunft frei, aber die Entscheidung zu handeln bleibt beim Menschen. Um bei unserem Beispiel zu bleiben: Egal, wie die Münze fällt, Sie bestimmen, ob Sie den Vortrag besuchen oder nicht.

Auf dem gleichen Prinzip beruht das so genannte »Bibelstechen«, ein Orakel. Man formuliert eine konkrete Frage. Dann schlägt man die Bibel blind an einer beliebigen Stelle auf und »sticht« mit geschlossenen Augen auf eine Stelle. Den so gewählten Vers liest man – und deutet ihn als Antwort auf die Frage. Wie mag das funktionieren? Eine mögliche Erklärung: Der Geist des Menschen wird durchströmt von dem, was die alten Philosophen als »Weltgeist« verstanden. Dieser Geist weiß die gesuchte Antwort.

Indem wir uns in den uns »zugefallenen« Bibeltext versenken, finden wir die Antwort, weil wir in dem Moment unbewusst Zugriff auf das uns umgebende Universalwissen haben.

Das Gegenteil passiert, wenn wir uns zu sehr auf eine Frage konzentrieren. Dann verschließen wir uns vor der Antwort, die eigentlich schon in uns ist.

Das alles mag Ihnen zu Beginn des dritten Jahrtausends nach Christus weltfremd vorkommen. Aber bedenken Sie, worum es hier geht. Nicht darum, in Sekundenbruchteilen möglichst gigantische Datenmengen aus dem Internet zu besorgen, sondern darum, Wissen zu beschaffen, das nach heutiger Logik noch gar nicht existiert. Woher? Das kann niemand wirklich erklären. Vielleicht aus der Zukunft, die nach uralter Philosophie schon immer gegenwärtig war.

Pendeln – eine verblüffend einfache Wahrsagemethode

Anno 375 n. Chr. erwähnte der römische Historiker Marcellinus das Pendeln im Zusammenhang mit Orakelbefragungen. Man kann aber davon ausgehen, dass diese so einfach zu praktizierende Kunst wesentlich älter ist. Wer sie erfunden hat, vermag niemand zu sagen. Vermutlich wurde sie schon lange praktiziert, bevor zum ersten Mal etwas darüber geschrieben wurde. Diese Orakelform hat zwei wesentliche Vorteile: 1. Zu ihrer Ausübung sind keine besonderen Fähigkeiten erforderlich. 2. Das erforderliche »Werkzeug« lässt sich schnell und einfach herstellen: Nehmen Sie einen kleinen, relativ schweren Gegenstand wie einen Ring und befestigen Sie ihn an einer kurzen Schnur oder einem Faden. Am anderen Ende der Schnur befestigen Sie eine kleine Kugel als »Griff« – und schon kann es losgehen.

▶ Wahrsagen mit dem Pendel

Sorgen Sie dafür, dass Sie nicht gestört werden können, und setzen Sie sich in bequemer Haltung an einen Tisch.

Stützen Sie Ihren rechten Ellenbogen (wenn Sie Linkshänder sind, den linken) auf, wobei Ihr Unterarm leicht geneigt ist. Halten Sie die Schnur mit zwei Fingern an der kleinen Kugel (oben). Das Pendel (unten) hängt frei durch.

Zunächst müssen Sie eine »Sprache« festlegen. Fragen Sie Ihr Pendel: »Was soll Ja bedeuten? Kreisen rechtsherum oder linksherum? Bitte, gib mir die Antwort für ja!« Mit an Sicherheit grenzender Wahrscheinlichkeit wird das Pendel antworten, indem es eine kreisende, sich rasch verstärkende Bewegung ausführt. Bewegt es sich rechtsherum, so sollten Sie dies immer als »ja« verstehen. Kreist es aber linksherum, dann bedeutet das von nun an immer »nein« für Sie.

Es kann aber auch sein, dass sich das Pendel auf die Frage »Was soll Ja bedeuten?« linksherum dreht. Dann bedeutet für Sie von nun an immer: Kreisen linksherum heißt ja, Kreisen rechtsherum heißt nein.

Lassen Sie sich Zeit mit dem Experimentieren. Überfordern Sie sich und das Pendel nicht. Es ist sinnvoll, sich zunächst auf zwei Antwortmöglichkeiten zu beschränken: ja und nein. Später, wenn Sie eine gewisse Übung erreicht haben, können Sie ein ganzes System von bedeutungsvollen Pendelbewegungen festlegen: sehr weit ausladender Kreis, sehr eng gezogener Kreis, ellipsenförmige Bewegung des Pendels und so weiter. Allerdings müssen Sie im »Gespräch mit dem Pendel« immer jeder Pendelbewegung eine ganz konkrete Antwort zuordnen und dann bei dieser Sprachregelung bleiben.

Noch einmal: Sie legen im Gespräch mit dem Pendel einen bestimmten »Code« fest, zum Beispiel: Kleiner Kreis rechtsherum bedeutet »ja«. Sehr ausladender, weiter Kreis rechtsherum bedeutet »unbedingt«. Ellipse rechtsherum bedeutet »unentschieden, aber eher ja«, Ellipse linksherum »unentschieden, aber eher nein«.

Sobald Sie sich auf einen Verständigungscode geeinigt haben, können Sie mit dem Pendeln beginnen. Sie haben die Gesprächsbasis hergestellt, die Antenne sozusagen justiert und sind jetzt bereit, eine Antwort zu empfangen. Stützen Sie den Ellenbogen auf dem Tisch ab, lassen Sie das Pendel durchhängen und stellen Sie Ihre Frage.

Konzentrieren Sie sich zunächst auf eine klare, mit ja oder nein zu beantwortende Frage wie: »Ist mein verschwundener Regenschirm im Haus?« Wenn das Pendel nun mit »ja« antwortet, können Sie weiterfragen: »Befindet er sich im Erdgeschoss?« Auf diese Weise kreisen Sie den Aufenthaltsort des gesuchten Objekts nach und nach immer mehr ein.

Darüber, wie das Pendeln funktioniert, herrscht selbst unter Erforschern des Übersinnlichen keine Übereinstimmung. Relativ weit verbreitet ist die Ansicht, dass es von einem alles durchströmenden Fluidum bewegt wird. Oder ist es eine unbekannte Strahlung? Ein unsichtbares Kraftfeld? Eine Art fließender, schwingender Energie?

In vielen griechischen Orakelstätten musste sich der Fragende zunächst unterschiedlichen Zeremonien unterziehen, die ihm helfen sollten, sich losgelöst von allen störenden Gedanken auf sein Unterbewusstes zu konzentrieren. Ihr Geist öffnete sich und vernahm die Antwort. Ganz ähnlich könnte das Pendeln funktionieren:

Der Pendelnde schirmt seinen Geist allen Störungen gegenüber ab und konzentriert sich auf seine Frage. Sein Geist zapft das Weltgedächtnis (oder wie immer man es nennen will) an und veranlasst den Körper zu Bewegungen, die wiederum das Pendel in Bewegung setzen und einem vereinbarten Code entsprechend antworten lassen.

So interessant derlei Überlegungen für Theoretiker auch sein mögen, den Praktiker interessieren sie nicht. Er einigt sich mit dem Pendel auf eine Sprache, stellt Fragen und lässt das Pendel antworten.

I Ging – das Buch der Wandlungen

Nun betreten wir das Feld der geheimnisvollen Orakelsysteme, die über die Jahrhunderte hinweg entwickelt wurden, zum Beispiel in China. Dort soll der chinesische Kaiser Fu Hi im 3. Jahrtausend v. Chr. das prophetische I Ging begonnen haben. Im 1. Jahrtausend v. Chr. hat King Wen es angeblich erneuert und ergänzt. Konfuzius (ca. 551 v. Chr. – 479 v. Chr.) gab das »Buch der Wandlungen« neu heraus und ergänzte es durch Anmerkungen.

Das I Ging spiegelt die jahrtausendealte chinesische Philosophie von Yin und Yang wider.

Yang ist das männliche Prinzip (Zeugen, Erschaffen, Leiten), Yin das weibliche (Empfangen, Gebären, Folgen). Im I Ging gibt es 64 Symbole, Hexagramme genannt. Jedes besteht aus sechs ganzen und/oder durchbrochenen Linien. Die ganze Linie ⚊ ist das Symbol für Yang, die durchbrochene ⚋ das für Yin. Die ganzen Linien stehen für das Helle, Positive, Aktive, die durchbrochenen symbolisieren das Dunkle, Negative, Passive.

Computerspezialisten haben erstaunt festgestellt, dass die 64 Hexagramme des I Ging exakt dem binären Code entsprechen, der heute von jedem elektronischen Rechner benutzt wird. Die doch so überaus klug erscheinenden elektronischen »Superhirne« kennen nur zwei Zustände: Strom an oder Strom aus. Und bei der Darstellung jedes noch so komplexen Problems müssen sie mit zwei Zeichen auskommen: 0 und 1. Das I Ging funktioniert – faktisch betrachtet – ganz genauso: Yang = 1, Yin = 0.

Die Vorgehensweise zur Befragung des I Ging wurde im Laufe der Jahrtausende immer mehr vereinfacht. Ursprünglich war sie überaus kompliziert und langwierig. Man begann mit einem Bündel Scharfgarbenstängeln, die gleichmäßig gerüttelt und geschüttelt wurden. Geduldig legte man Halm um Halm beiseite, bis sich nach langer Zeremonie ein Hexagramm-Muster zeigte. Diese älteste Form der Befragung wurde bewusst zeitlich in die Länge gezogen, damit sich der Fragende sammeln und gedanklich auf das Orakel vorbereiten konnte. Der Weg zum Orakel war bereits ein wesentlicher Teil des Orakels. Man suchte sein Hexagramm und erreichte dabei eine tiefe innere Ruhe, die das Verständnis des Orakels erleichterte. Heute gibt es viele unterschiedliche Verfahren, die schon wesentlich schneller zum gesuchten Hexagramm führen.

Für eine sehr bekannte Methode der Befragung, die nachfolgend näher ausgeführt wird, braucht man lediglich drei gleich große Münzen mit einer Kopf- und einer Zahlseite.

Mark McElroy, dessen Buch auch die folgenden Weissagungen zum I Ging entnommen sind, hat eine weitere, noch einfachere Methode entwickelt, bei der man nicht mehr zählen oder in einer Tabelle nachschauen muss, um zu seinem Hexagramm zu finden. Für diesen benutzerfreundlichen, modernen Zugang zu dem alten Orakel brauchen Sie nichts weiter als sechzehn Karten (z. B. Karteikarten).

Bereiten Sie so viele Karten	*mit diesem Symbol vor:*
1	
3	
5	
7	

Um ein Hexagramm aufzubauen, müssen Sie nun nur noch Folgendes tun:

1. die Karten mischen,
2. eine Karte ziehen,
3. die Linie abzeichnen, die Sie auf der Karte sehen,
4. die Karte wieder in den Stapel zurücklegen
5. und das Ganze so oft wiederholen, bis Ihr Hexagramm komplett ist.

▶ Das I Ging befragen

Der eigentlichen Befragung des I Ging geht eine sehr wichtige Phase voraus: Die Frage, auf die Sie eine Antwort suchen, wird gestellt. Sie muss klar formuliert sein und eine ebenso klare Antwort ermöglichen. Es sollte sich um eine wirklich wichtige Frage handeln, deren Beantwortung von zentralem Interesse für Sie ist.

Nachdem Sie Ihre Frage klar formuliert haben, können Sie das Orakel konsultieren, indem Sie eines von 64 möglichen Hexagrammen ermitteln.

Dazu brauchen Sie drei gleiche Münzen, die Sie im Idealfall nur zur Befragung des I Ging benutzen und entsprechend respektvoll behandeln. Diese Münzen werfen Sie insgesamt sechsmal, einmal für jede Linie des Hexagramms. Zahl gilt als Yin und zählt 2, Kopf als Yang mit dem Wert 3. Da es sich um drei Münzen handelt, ergeben sich auf diese Weise vier mögliche Werte, nämlich 9 (3 x 3), 6 (3 x 2), 7 (2 x 2 + 1 x 3) und 8 (1 x 2 + 2 x 3). Die ungeraden Werte 9 und 7 sind Yang und werden mit einer durchgezogenen Linie dargestellt. Die beiden geraden Werte 6 und 8 sind Yin und werden mit einer durchbrochenen Linie dargestellt.

Das Hexagramm wird von unten nach oben aufgebaut, das heißt: Der erste Wurf ergibt die unterste Linie, der zweite die zweite von unten, und so weiter bis zum sechsten Wurf, der die oberste Linie ergibt. (Auch die Linien, die Sie mit der oben beschriebenen Kartenmethode ermitteln, bauen Sie von unten nach oben zum Hexagramm auf.)

Wenn Sie die Nummer »Ihres« Hexagramms ermittelt haben, können Sie der folgenden Übersicht Schlüsselsätze entnehmen, die Ihnen Ihre Frage beantworten helfen. Natürlich können Sie noch viele andere Übersetzungen und sehr viel ausführlichere Interpretationen des chinesischen Originaltextes zu Rate ziehen, aber nirgendwo werden Sie »Ihre« Antwort expressis verbis abgedruckt finden. Und genau das ist beabsichtigt. Es geht nämlich darum, dass Sie, während Sie die weisen Worte des I Ging lesen, die Antwort auf die von Ihnen gestellte Frage in sich selbst erkennen.

Tabelle zum Auffinden der I Ging-Hexagramme

oben / unten	☰	☳	☵	☶	☷	☴	☲	☱
☰	1	34	5	26	11	9	14	43
☳	25	51	3	27	24	42	21	17
☵	6	40	29	4	7	59	64	47
☶	33	62	39	52	15	53	56	31
☷	12	16	8	23	2	20	35	45
☴	44	32	48	18	46	57	50	28
☲	13	55	63	22	36	37	30	49
☱	10	54	60	41	19	61	38	58

Es genügt, das Zeichen, das man aufsuchen will, in seine beiden Bestandteile zu trennen. Der Treffpunkt der beiden Spalten gibt die Nummer des Zeichens.

Die 64 Hexagramme des I Ging

1 CH'IEN

Handeln

So wie der Himmel sich ständig verändert, bemüht der weise Mensch sich stets darum, innerlich stärker zu werden.

SCHLÜSSELBEGRIFFE: entschlossenes Handeln, unüberwindliche Stärke, kraftvolle Bewegung, dynamische Kreativität; etwas bewirken

2 K'UN

Empfänglich sein

So wie eine sanfte Stute sich den Zügeln fügt, unterwirft auch ein innerlich starker Mensch sich einem Führer, wenn die Situation es erfordert.

SCHLÜSSELBEGRIFFE: abwarten, nachdenken, akzeptieren, gehorchen; Intuition, Bedachtsamkeit; abwägen; unerschöpfliche Geduld; kluge Reaktionen

3 CHUN

Eine Sache anpacken

Ein kluger Mensch weiß, dass selbst der dünnste Grashalm stark genug ist, um die Erde zu durchbrechen.

SCHLÜSSELBEGRIFFE: anfänglicher Widerstand; Ressourcen sammeln; Probleme, schwieriger Anfang; Vorkehrungen treffen; sich für etwas bereitmachen

4 MENG

Voreiliges Handeln

Der weise Mensch sieht, wie kleine Quellen Täler in die Erde graben und zu großen Flüssen werden. Daraus lernt er viel über Geduld, Zeit und das Warten auf die richtige Gelegenheit.

SCHLÜSSELBEGRIFFE: Unerfahrenheit, Enthusiasmus, Unwissenheit, unbesonnenes oder eigensinniges Handeln, Mangel an Vorsicht, Halsstarrigkeit

5 HSÜ

Vorausplanen

Wenn Wolken aufziehen, bereitet der kluge Mensch sich auf Regen vor.

SCHLÜSSELBEGRIFFE: warten, sich vorbereiten, Vorkehrungen treffen; Weiterbildung, Übung, eine Pause zum Nachdenken

6 SUNG

Konflikte lösen

Himmel und Meer sind auf immer und ewig voneinander getrennt. Das erinnert den weisen Menschen daran, dass Konflikte etwas Unvermeidliches sind.

SCHLÜSSELBEGRIFFE: Konflikt, Zwietracht, Auseinandersetzung, Kampf, Streitigkeiten, Widerstand, Meinungsverschiedenheiten, Unvereinbarkeit, Kompromiss

7 SHIH

Mitstreiter gewinnen

Unter der Erde kann kostbares Wasser verborgen liegen. Der Kluge weiß das und versteht Menschen mit durchschnittlichen Fähigkeiten sanft und einfühlsam zu führen, um sich ihre verborgenen Stärken zu erschließen.

SCHLÜSSELBEGRIFFE: sanfte Führerschaft, Organisation, Disziplin, Zielstrebigkeit, Loyalität, Inspiration, Patriotismus, Kampfgeist, Belohnung

8 PI

Sich zusammentun

Der Weise sieht, wie alle Flüsse ins Meer münden, und erkennt, wie kleine Beiträge zusammen große Kräfte ergeben.

SCHLÜSSELBEGRIFFE: sich zusammentun, sich an eine Gruppe anschließen, einem Führer folgen, seinen Platz innerhalb eines Projekts finden, seine Rolle erkennen

9 HSIAO CH'U

Kleine Schritte tun

Der kluge Mensch weiß, dass auch ein leiser Windhauch mächtige Wolken in Bewegung setzen kann.

SCHLÜSSELBEGRIFFE: Prioritäten setzen, die Dinge nüchtern betrachten, prompt reagieren; Wachsamkeit, subtiler Einfluss, kleine Schritte, Projektmanagement; im jetzigen Augenblick leben

10 LI

Sanft vorgehen

Die Seen und der Himmel streiten sich niemals über ihre Rollen; jeder weiß, dass der andere einen wertvollen Beitrag leistet. Der weise Mensch ist sich darüber im Klaren, dass Ordnung und Fortschritt von dieser Sichtweise abhängen.

SCHLÜSSELBEGRIFFE: taktisches Geschick, Diplomatie, Taktgefühl, Höflichkeit, Manieren, Sinn für Schicklichkeit, politisches Bewusstsein; sein Temperament im Zaum halten

11 T'AI

Zusammenarbeit

Himmel auf Erden! Der weise Mensch erkennt die Vergänglichkeit von Wohlstand und Einigkeit und versucht beides zum Wohl aller Beteiligten möglichst gut zu nutzen.

SCHLÜSSELBEGRIFFE: Einheit, Zusammenhalt, Wohlstand, Produktivität, Fairness, Respekt, Zusammengehörigkeitsgefühl, Stabilität; ein Verhältnis, das auf gegenseitiger Unterstützung und Wertschätzung beruht

12 P'I

Auflösung

In einer Zeit, in der der Friede dahinschwindet und das Gute nicht siegen kann, zieht der Weise sich zurück und spart sich seine Kräfte und seinen Einfluss für eine Gelegenheit auf, bei der er zu einer Veränderung beitragen kann.

SCHLÜSSELBEGRIFFE: Schwäche, Härte, Chaos, Abgestandenheit, Stagnation, Abwärtstrend, Niedergang, Verfall, Korruption, Auflösung; eine Situation, in der es kein Zurück mehr gibt

13 T'UNG JEN

Miteinander auskommen

Die Flammen lodern dem Himmel entgegen. Der Weise lässt sich durch diesen Anblick inspirieren und strebt noch höher empor, indem er viele Flammen zu einem hellen Freudenfeuer vereint.

SCHLÜSSELBEGRIFFE: Toleranz, Kameradschaft, Rücksichtnahme, Großmut, Verständnis, Akzeptieren, Großzügigkeit, Pluralismus, Bündnis

14 TA YU

Das Zeug zum Erfolg haben

Der kluge Mensch weiß, dass an einem dunklen Ort das Licht einer Fackel (und nicht der Status desjenigen, der sie trägt) die Menschen tröstet und zusammenbringt.

SCHLÜSSELBEGRIFFE: Mut, Moral, bescheidene Führerschaft, Courage; das Richtige tun; Anstand, innere Klarheit, Ritterlichkeit

15 CH'IEN

Bescheidenheit

Der weise Mann hat beobachtet, dass die Sonne auf- und wieder untergeht, und bleibt daher selbst dann bescheiden, wenn er große Macht und Erfolg genießt.

SCHLÜSSELBEGRIFFE: Bescheidenheit, Zurückhaltung, Ausgewogenheit, Gleichberechtigung, Besonnenheit, Demut, Schlichtheit, Anspruchslosigkeit, Beschränkung

16 YU

Andere Menschen begeistern

Genau wie Musik die Körper vieler Leute zu einem freudigen Tanz vereinen kann, begreift der Weise, was anderen Menschen wichtig ist, und nutzt dieses Wissen, um sie zusammenzuschmieden und Begeisterung in ihnen zu wecken.

SCHLÜSSELBEGRIFFE: Aufregung, Interesse, Leidenschaft, gemeinsame Interessen, Eifer, Tatkraft, Elan, Begeisterung, Inspiration, Betriebsamkeit

17 SUI

Sich den Zeiten anpassen

Der kluge Mann spürt den Wechsel der Jahreszeiten und passt sich daran an. Dadurch gewinnt er die Erfahrung und Flexibilität, mit der man fähige Mitstreiter anzieht.

SCHLÜSSELBEGRIFFE: Anpassung, Umstellung, Nachgiebigkeit, Gewöhnung an etwas Neues; Veränderung, Entwicklung, innerer Wandel, Opportunismus

18 KU

Fehler korrigieren

Der Weise wirft verdorbene Nahrung nicht einfach weg; er untersucht auch, wie es zu dem Verderb kommen konnte, und beseitigt das zugrunde liegende Problem.

SCHLÜSSELBEGRIFFE: Reue, Richtigstellung, Korrektur, Besserung, Wiedergutmachung, Revision, Reform, Abhilfe, Entschuldigung, Neubesinnung

19 LIN

Fortschritte machen

Wie die fleißige Ameise in der Fabel nutzt der Weise die warmen Sommertage, um sich auf den kommenden Winter vorzubereiten.

SCHLÜSSELBEGRIFFE: Fortschritt, Verbesserung, Förderung, Chance, Vorwärtskommen, Vermehrung, Zuwachs, Beschleunigung

20 KUAN

Seinen Fortschritt überprüfen

Der Weise beobachtet, wie der Wind alle Stellen der Erde berührt, und folgt diesem Beispiel, indem er die Welt mit seinen eigenen Augen betrachtet.

SCHLÜSSELBEGRIFFE: Untersuchung, Überprüfung, Beurteilung, Vergleiche, Inspektionen; etwas weiterverfolgen; etwas Fehlerhaftes zurücknehmen; Überwachung, Kontrolle, Überprüfung, Überblick

21 SHIH HO

Vorschriften durchsetzen

Wenn der Weise mit einem hartnäckigen Hindernis oder einer hitzigen Auseinandersetzung konfrontiert wird, informiert er sich darüber, was für Vorschriften es für diese Situation gibt, und findet dann eine faire Lösung.

SCHLÜSSELBEGRIFFE: Durchsetzung, Konformismus, Gerechtigkeit, Urteil, Fairness, Prozess, Rechtsprechung, Rechte, Rechtschaffenheit, Legalität, Angemessenheit

22 PI

Hinter die Oberfläche schauen

Der weise Mensch weiß Qualitäten zu schätzen, die das Auge erfreuen, legt aber mehr Wert auf Eigenschaften, die Geist und Seele ansprechen.

SCHLÜSSELBEGRIFFE: äußerer Schein, erster Eindruck, verborgene Talente, Charakter, innere Schönheit, Oberflächlichkeit, Gelassenheit, äußere versus innere Qualitäten

23 PO

Einsturz

Der Weise begutachtet den Zustand eines alten Hauses und begreift, dass es klug ist, auszuziehen, bevor die Wände einstürzen.

SCHLÜSSELBEGRIFFE: Zusammenbruch, Einsturz, Erschütterung, Erschöpfung, Scheitern, Verfall, Zerrissenheit, Abbau, Verschlechterung; eine Situation, in der es kein Zurück mehr gibt; Verwüstung

24 FU

Positive Wende

Der Weise erkennt, dass die Dunkelheit des Winters letzten Endes immer wieder helleren Frühlingstagen weicht, und lernt daraus eine wichtige Lektion für sein Leben.

SCHLÜSSELBEGRIFFE: Aufschwung, Aufwärtstrend, Verbesserung, Vorwärtskommen, Wiederherstellung, Fortschritt, Reform, Erneuerung, Wende zum Besseren

25 WU WANG

Im Einklang mit einem höheren Sinn leben

Der weise Mensch erkennt, dass selbst die banalsten Ereignisse unseres täglichen Lebens von einem (häufig unsichtbaren) höheren Plan gesteuert werden, und bemüht sich, im Einklang mit diesem Plan zu leben.

SCHLÜSSELBEGRIFFE: Disziplin, Konzentration, Planung, Unschuld, moralisches Handeln, Integrität, Reinheit, edle Gesinnung, Frömmigkeit, Untadeligkeit, Achtsamkeit, Ausgewogenheit, harmonisches Fließen

26 TA CH'U

Selbstbeherrschung

Um seinen Charakter zu stärken, übt der weise Mensch stets Disziplin. Wenn die Umstände ihn in seinen Gewohnheiten stören, bewahrt er sich trotzdem seine Charakterstärke.

SCHLÜSSELBEGRIFFE: Beharrlichkeit, Kraft, Selbstdisziplin, Ausdauer, Entschlossenheit, Mut, Hartnäckigkeit, Zielstrebigkeit, Geduld

27 I

Für sich und andere sorgen

Der Weise kümmert sich um seinen Körper und seinen Geist, um besser für andere Menschen sorgen und sie wirkungsvoll unterstützen zu können.

SCHLÜSSELBEGRIFFE: Führung, Versorgung, Ermutigung, Förderung, Beförderung, Geborgenheit, Unterstützung, Ratschlag, Coaching, Ermahnung, elterliche Fürsorge

28 TA KUO

Lasten umverteilen

Der Weise spürt, wann die Grenzen erreicht sind, und unternimmt etwas, um Zusammenbruch und Zerstörung zu vermeiden.

SCHLÜSSELBEGRIFFE: Entlastung, Unterstützung, Ruhepause, Hilfe, Umstrukturierung, Umverteilung; eine Lücke füllen; Mäßigung, Schonung, Trost, Mildtätigkeit, Linderung

29 K'AN

Auf Herausforderungen reagieren

Der Weise beobachtet, wie das Wasser seine Form verändert und jeden Raum ausfüllt, und lernt daraus etwas über Überlebenskunst, Erfolg, Flexibilität und Beständigkeit.

SCHLÜSSELBEGRIFFE: Ideenreichtum, Reaktionsvermögen, angemessenes Handeln, Veränderlichkeit, Flexibilität, Mut, Initiative, Innovation, Erfindungsgeist

30 LI

Anderen ein gutes Beispiel geben

Der Weise erkennt, dass er mit seinem Handeln Maßstäbe für andere Menschen setzt, und bemüht sich stets, ein Licht für jene zu sein, die sich in der Dunkelheit verirrt haben.

SCHLÜSSELBEGRIFFE: Vorbild, Beispiel, Rollenmodell, Muster, Schablone, Anschauungsunterricht, Musterbeispiel, vorbildliches Handeln, Führerschaft, Präzedenzfall

31 HSIEN

Eine Richtung einschlagen

Der weise Mensch bleibt bescheiden und aufnahmefähig, ermutigt andere, ihm Rat und Orientierung zu geben, wägt diese Ratschläge in seinem Herzen ab und unternimmt dann die richtigen Schritte.

SCHLÜSSELBEGRIFFE: Einfluss, Inspiration, Ratschlag, Überzeugung, Anziehungskraft, Charme, Macht, Einfluss, Ansporn, Druck, Neigung, Manipulation, Verführung

32 HENG

Den Fortschritt aufrechterhalten

Der Weise beobachtet die Zyklen der Natur, die ständig im Fluss sind, und schließt daraus, dass man die Rhythmen des Lebens erkennen und mit ihnen zusammenarbeiten muss, um den Fortschritt aufrechtzuerhalten.

SCHLÜSSELBEGRIFFE: Ausdauer, Einheit, Durchhaltevermögen, Überleben, Zähigkeit, Fortsetzung, Fortbestand, Verlängerung, in die Länge ziehen, Hartnäckigkeit

33 TUN

Sich zurückziehen

Der weise Mensch erkennt, dass eine ungünstige Zeit herannaht, und spart sich seine Kräfte für einen günstigeren Augenblick auf.

SCHLÜSSELBEGRIFFE: Rückzug; zurückweichen, einen Rückzieher machen; Zurückgezogenheit, Abgeschiedenheit, Verzicht, Zurücknahme, Kurswechsel, Einsamkeit

34 TA CHUANG

Seine Impulsivität zügeln

Der Weise macht sinnvolle Fortschritte, indem er, von den richtigen Absichten getrieben, die richtigen Maßnahmen ergreift – und zwar genau zum richtigen Zeitpunkt.

SCHLÜSSELBEGRIFFE: Selbsterkenntnis, Prüfung des eigenen Gewissens, Vernunft, Psychologie, Analyse, Führung, Gewissen; sich seiner eigenen Vorurteile bewusst sein; Vermutung; Motivation

35 CHIN

Den Augenblick nutzen

Wenn der Weise sieht, dass die Sonne aufgeht, wird ihm klar, dass jetzt der richtige Augenblick zum Handeln gekommen ist.

SCHLÜSSELBEGRIFFE: Carpe diem, Fortschritt, Vorwärtskommen, Bewegung; ein glücklicher Zufall oder günstiger Zeitpunkt; günstige Umstände; die Gabe, stets zur richtigen Zeit am richtigen Ort zu sein

36 MING I

Schwere Zeiten überstehen

Wenn der Weise in eine schwere Situation gerät, sucht und bietet er Schutz, begrenzt sein Handeln auf das Nötigste und wartet auf eine Gelegenheit, wieder Licht ins Dunkel zu bringen.

SCHLÜSSELBEGRIFFE: widrige Umstände, Probleme, Unglück, Kummer, Katastrophe, Tiefpunkt, Schwierigkeiten, Kampf, Notlage

37 CHIA JEN

Ordnung schaffen

Der Weise sorgt für Klarheit hinsichtlich der Erwartungen aller Beteiligten und verschafft dem Gesetz Geltung; denn er weiß, dass Struktur und Ordnung, auf den Regeln der Fairness basierend, Fortschritt und Produktivität fördern.

SCHLÜSSELBEGRIFFE: Rollenverteilung, Beiträge, Rang, Struktur, Hierarchie, Vorgehensweise, Regeln, Befehlskette, Management, Vorbereitungen, Delegation

38 K'UEI

Spannungen auflösen

Der Weise löscht Feuer nicht mit Wasser, sondern kombiniert diese beiden Elemente, um heißes Wasser und mächtigen Wasserdampf zu erzeugen.

SCHLÜSSELBEGRIFFE: Konflikt, Widerstand, Gegner, Hindernisse, Blockade, Rückschläge, Negativität, Antagonismus, Widersprüche, Rebellion, Konkurrenzkampf

39 CHIEN

Hindernissen begegnen

Dem Weisen ist jedes Hindernis eine Herausforderung – eine Chance, etwas Wichtiges über sich selbst und das Wesen des Lebens zu lernen.

SCHLÜSSELBEGRIFFE: Anstrengung, Durchbruch, Sieg, Ausdauer, Klugheit, Flexibilität; gewinnen; etwas umschiffen; Triumph

40 HSIEH

Sich weiter bemühen

Der weise Mensch freut sich zwar über erste Fortschritte, bleibt aber trotzdem auf seine Aufgabe konzentriert und entschlossen, sein Endziel zu erreichen.

SCHLÜSSELBEGRIFFE: Ausdauer, Beharrlichkeit, Loyalität, Treue, Hartnäckigkeit, Entschlossenheit, Beständigkeit, Durchhaltevermögen

41 SUN

Grenzen akzeptieren

Der weise Mensch erkennt, dass es töricht ist, das Dach mit Steinen aus dem Fundament seines Hauses zu reparieren.

SCHLÜSSELBEGRIFFE: Grenzen, Einschränkungen, Sachzwänge, Grenzlinie, Spielraum, Ausdehnung, Kürzung; Minimum und Maximum; Barrieren und Hindernisse

42 I

Grenzen überschreiten

Der Weise erkennt eine seltene, einmalige Chance und wächst über sich selbst hinaus, um sie zu nutzen.

SCHLÜSSELBEGRIFFE: Wachstum, Überfluss, Grenzenlosigkeit, unbegrenztes Potenzial, Möglichkeiten, Macht, Einfluss, Entwicklung, Fähigkeit; sich hervortun

43 KUAI

Den besten Kurs verfolgen

Der Weise ist entschlossen, fair und richtig zu handeln. Er entscheidet sich für ein Ziel und verfolgt es dann mit Zuversicht und Selbstvertrauen, bleibt dabei aber stets offen für bessere Alternativen.

SCHLÜSSELBEGRIFFE: Kraft, Konzentration, Entschlossenheit, Standhaftigkeit, Mut, Courage, Zähigkeit, Stabilität, Fairness

44 KOU

Gegen Schwäche ankämpfen

Der Weise sieht, wie starke Winde schwere Gegenstände vom Boden abheben, und begreift, dass selbst ein charakterstarker Mensch

sich manchmal durch subtile, kaum erkennbare Einflüsse manipulieren lässt.

SCHLÜSSELBEGRIFFE: Versuchung, Anziehungskraft, Charisma, Einfluss, Manipulation, Umstimmung, Überredung, Anschwärzung, Gewalt, Bestechung, Erpressung

45 TS'UI

Eine Gemeinschaft aufbauen

Der Weise beobachtet, wie kleine Bäche zu großen Seen zusammenfließen, und lernt daraus, wie Gemeinschaften entstehen.

SCHLÜSSELBEGRIFFE: Verbindung, Band, Familie, Sippe, Clan, Gesellschaft, Gruppe, Netzwerk, Gemeinde, Verwandtschaft, Mitgliedschaft, Team

46 SHENG

An die Spitze gelangen

Der Weise beobachtet, wie ein kleiner Sämling sich durch die Erdkruste schiebt, und lernt daraus etwas über Wachstum und Fortschritt.

SCHLÜSSELBEGRIFFE: Arbeit, Mühe, Kampf, Versuch, Anstrengung, Bemühung, Bewegung, Kraft, Übung, Arbeitseifer, Leistung, Fleiß

47 K'UN

Erschöpfung überwinden

Statt sich durch ein unvermeidliches Missgeschick aus der Fassung bringen zu lassen, bemüht der Weise sich, das Einzige unter Kontrolle zu bringen, was er in dieser Situation kontrollieren kann: nämlich seine eigene Reaktion darauf.

SCHLÜSSELBEGRIFFE: Erschöpfung, Bedrücktheit, Müdigkeit, geistige Erlahmung, Schwäche, Zusammenbruch, Niedergeschlagenheit, Überarbeitung, Depression, Mattigkeit, Abgespanntheit

48 CHING

Seine inneren Möglichkeiten verwirklichen

Der weise Mensch sieht, wie Wasser aus einem Brunnen geschöpft wird, und begreift, dass tief in seinem Inneren ein unbegrenzter Quell der Kraft und Regeneration liegt.

SCHLÜSSELBEGRIFFE: innere Ressourcen, innere Kraft, Fähigkeiten, Geschicklichkeit, gute Aussichten, Talent, Stärken, Fantasie, Genie, Können, Kompetenz

49 KO

Innere Wandlung

Der weise Mensch beobachtet, wie die Tiere sich ihrer Umgebung anpassen, und lernt daraus, wie man in einer Welt ständiger Veränderungen gedeihen und erfolgreich sein kann.

SCHLÜSSELBEGRIFFE: Veränderung, innerer Wandel, Bekehrung, Änderung, Verbesserung, Umdenken, Übergang, Modifikation; etwas neu erfinden

50 TING

Seine Berufung akzeptieren

So wie ein Topf seinem wahren Zweck dient, indem er als Gefäß für eine köstliche Suppe dient, bemüht der weise Mensch sich, seine Bestimmung zu erfüllen.

SCHLÜSSELBEGRIFFE: Berufung, Beruf, Laufbahn, Herausforderung, Mission, Sinn, Zweck, Vorhaben, Absicht, Schicksal, Bestimmung, Richtung

51 CHEN

Eine Krise bewältigen

Im ersten Augenblick zuckt der Weise bei einem Donner vielleicht zusammen; doch nach dem ersten Schrecken ist er geistesgegenwärtig genug, um sich in Sicherheit zu bringen.

SCHLÜSSELBEGRIFFE: entschlossenes Handeln, Konzentration, Gelassenheit, Ruhe, Ausgeglichenheit, innere Klarheit; Alternativpläne aufstellen; wohlüberlegte Reaktion

52 KEN

Im Augenblick leben

Selbst wenn die Außenwelt sich in einen chaotischen Wirbelsturm hektischer Aktivitäten und Emotionen verwandelt, ordnet der Weise seine Gedanken, konzentriert seine Energie und handelt besonnen.

SCHLÜSSELBEGRIFFE: Stille, Meditation, Konzentration, Geistesgegenwart, Besinnung, Nachdenklichkeit; nachgrübeln, innere Klarheit, richtiges Handeln

53 CHIEN

Die Dinge langsam angehen

Der Weise beobachtet, wie aus einer Eichel im Lauf der Jahre eine mächtige Eiche wird, und lernt daraus etwas über den Wert langsamen, allmählichen Fortschritts.

Schlüsselbegriffe: sanftes, behutsames Vorgehen; sein Tempo verlangsamen; Bedächtigkeit, Langsamkeit, Mäßigung, Entspannung, Lockerlassen, allmählicher Fortschritt

54 KUEI MEI

Richtiger Umgang mit Beziehungen
Der weise Mensch kennt den Wert ehrlicher Zuneigung und bemüht sich, seine zwischenmenschlichen Beziehungen vor Missbrauch und Vernachlässigung zu schützen.
Schlüsselbegriffe: gutes Verhältnis, Affinität, innere Verwandtschaft, Liaison, Vertrauen, Symbiose, gegenseitiges Einvernehmen, inneres Band, Verbindung, Bündnis; die gebotene Sorgfalt walten lassen

55 FENG

Glück und Überfluss
Der Weise denkt in einer Zeit des Überflusses an die Mittagssonne: warm, hell, überströmend – aber bereits in ihrem täglichen Abstieg begriffen.
Schlüsselbegriffe: Wohlstand, Reichtum, Fülle, Fruchtbarkeit, Überfluss, Luxus, Übermaß, Überfülle, Üppigkeit, Freigebigkeit

56 LU

Unbekanntes Terrain durchqueren
In unbekannten Situationen ist der Weise selbstsicher genug, um die bescheidene Rolle des lernenden Beobachters zu spielen.

SCHLÜSSELBEGRIFFE: Pionier, Bahnbrecher, Wanderer, Reisender, Gast, Besucher, Neuling, Anfänger, Tourist; sich in unbekanntem Terrain zurechtfinden

57 SUN

Subtilen Einfluss ausüben

Der weise Mensch beobachtet, wie unsichtbare Winde ihre Spuren in die Felsen der Wüste eingravieren, und lernt daraus, wie wirkungsvoll es ist, über einen längeren Zeitraum hinweg langsamen, aber stetigen Druck auszuüben.

SCHLÜSSELBEGRIFFE: Nuance, Subtilität, Raffinement; Andeutungen, Hinweise, unterschwellige Botschaften, Anspielungen; allmähliche Veränderung

58 TUI

Interaktionen mit anderen Menschen

Der Weise sieht, wie weit sich der See vor ihm ausdehnt, und schließt daraus, dass ein stetiger Kommunikationsfluss der Schlüssel zu gesundem, dauerhaftem Wachstum ist.

SCHLÜSSELBEGRIFFE: Interaktion; etwas zum Ausdruck bringen; sich mitteilen; Gespräch, Diskussion, Dialog, Erkenntlichkeit, Austausch, Unterhaltung

59 HUAN

Eintracht erzielen

Der Weise erkennt, dass Ichbezogenheit die Menschen voneinander trennt und Barrieren zwischen ihnen aufbaut, und beschließt daher, sein eigenes Ich wichtigeren Dingen unterzuordnen.

SCHLÜSSELBEGRIFFE: Konzentration, Gleichgewicht, Solidarität, Einheit, Integrität, Ganzheit, Vollständigkeit, Integration, Wiedervereinigung, Zusammengehörigkeit, Harmonie

60 CHIEH

Grenzen setzen

Der weise Mensch beobachtet, welche Zerstörung ein über die Ufer getretener Fluss anrichtet, und schließt daraus, dass Grenzen in einem ausgewogenen Leben sehr wichtig sind.

SCHLÜSSELBEGRIFFE: Grenzen, Barrieren, Selbstdisziplin, Einschränkungen, Bestimmungen, Rahmenbedingungen, Definition, Zwänge, Kontingent, Umgrenzung, Ausschluss

61 CHUNG FU

Andere Menschen beeinflussen

Der Weise beobachtet, wie ein Dresseur sich in seine Tiere hineinversetzt, um sie richtig führen zu können, und lernt daraus, wie man andere Menschen beeinflusst.

SCHLÜSSELBEGRIFFE: Führung, Überzeugung, Meinung, Vorschlag, Ermahnung, Überredung; überzeugend wirken; Ansporn, Beeinflussung, Argument

62 HSIAO KOU

Richtiger Umgang mit Traditionen

Der Weise macht sich mit Vorschriften, Traditionen und Erwartungen vertraut, beobachtet sie genau und setzt sich nach sorgfältiger Überlegung darüber hinweg, sofern es angebracht ist.

SCHLÜSSELBEGRIFFE: Einzelheiten, Kleinigkeiten, übertriebene Genauigkeit, Akribie, peinliche Sorgfalt; sich um jedes Detail kümmern

63 CHI CHI

Sich treiben lassen

Der weise Mensch freut sich über das, was er erreicht hat, hütet sich aber vor Stillstand, indem er sich schnell wieder neue Ziele setzt oder seine alten Ziele revidiert.

SCHLÜSSELBEGRIFFE: mangelnder Elan, Sorglosigkeit, Unbekümmertheit; sich einfach treiben lassen; gemächlich, unkonzentriert; ziellos umherwandern, abschweifen, herumbummeln; Orientierungslosigkeit

64 WIE CHI

Sein Ziel erreichen

Der Weise beobachtet, wie ein Fuchs leichtfüßig über einen zugefrorenen See schleicht. Er bewundert ihn für seine Vorsicht und Zielstrebigkeit und beschließt, ebenfalls weiter vorwärts zu gehen.

SCHLÜSSELBEGRIFFE: Fertigstellung, Vollendung, Erfüllung, Ziellinie, Ende, Erreichung eines Ziels, Meilenstein, Abschluss, Beendigung, Leistung, Durchführung

Konfuzius, der sich wie kaum ein zweiter Mensch mit dem Weisheitsbuch auskannte, konstatierte kurz vor seinem Tod: »Wenn meinem Leben noch einige Jahre zugefügt würden, so würde ich fünfzig davon hergeben, um das I Ging zu studieren und würde dann vermeiden, große Fehler zu begehen.« Ehrfurchtsvoll zollte Konfuzius dem I Ging seinen Respekt:

»Dieses Buch hat so viele Schichten
wie die Erde selbst.«

Viele langjährige Anwender des I Ging bestätigen: Das uralte Weisheitsbuch bietet dem sorgsam Vorgehenden unvergleichbar mehr als ein knappes Tagesorakel. Es bietet keine fertigen Antworten, sondern ermöglicht das intuitive Erkennen einer individuellen Antwort und weit über die konkrete Frage hinaus ein Nachsinnen über das eigene Sein. Es lässt hinterfragen: Handle ich wirklich in Übereinstimmung mit meinen eigenen Interessen? Jeder Fragende kann finden, was er sucht. Und wenn er wirklich bereit ist, sein Leben in neue Bahnen zu lenken, hilft ihm das I Ging dabei. Er wird erkennen, dass seine Zukunft nicht festgeschrieben ist. Die Alten Chinesen gingen sogar davon aus, dass das I Ging die Weisheit des Universums enthält und dass jeder, der sich bei wichtigen Entscheidungen im Leben auf das »Buch der Wandlung« stützt, im Idealfall die große Harmonie erreicht.

Das I Ging ist ein guter Freund und Weisheitslehrer. Es ermöglicht dem Ratsuchenden mit klugen tiefsinnigen Worten, sein eigenes Leben wieder in Einklang mit den kosmischen Gesetzen zu bringen. Es bietet keinen Blick in eine feststehende Zukunft, sondern lässt den Ratsuchenden in der Gegenwart erkennen, welche gestalterischen Möglichkeiten er hat und sofort nutzen kann. Es vertröstet nicht nebulös auf morgen.

Als Nutzer des I Ging sind Sie der wahrsagende Mensch. Sie behalten Ihren freien Willen und erhalten ein gehöriges Mehr an Informationen. Damit vergrößern Sie die Basis für Ihre Entscheidung.

Rudolf von Delius, einer der großen philosophischen Erforscher esoterischer Geheimnisse, stellte zu Beginn des frühen 20. Jahrhunderts fest: »Das I Ging ist das älteste philosophische Buch der Menschheit. Es entstand dadurch, dass ein uraltes Orakelbuch ethisch erläutert wurde. Aus primitiven Strichzeichen machte man seelische Bewegungen: Es galt, die Keime des Geschehens zu erfassen. Kennt man die Keime, ist alles Weitere beeinflussbar. Man baute eine ganze Psychologie hinein in diese Zeilen mit dem ursprünglich einfachen Gegensatze von fest und weich.«

Mit anderen Worten: In der Versenkung, in der Konzentration auf das Mystische, schaltet der Suchende alle störenden Gedanken aus. Ein Problem wird formuliert. Im Idealfall erkennt er in der Antwort des I Ging, wie es für ihn zu einem Problem kam und wie er dieses Problem selbst lösen kann. Er sieht ein: Die Zukunft ist nicht unabwendbar. Sie ist das Ergebnis früherer Taten und bildet sich bereits in der Gegenwart, im heutigen Denken und Handeln. Heute ist also schon erkennbar, was morgen geschehen mag.

Geheimnis Tarot

Woher die Tarotkarten mit ihren einprägsamen Bildern ursprünglich kamen, wissen wir nicht. Im 14. Jahrhundert lassen sie sich erstmals nachweisen, denn damals begann ihr großer Siegeszug durch Europa. Zwei Varianten erfreuten sich großer Beliebtheit: Tarot als Kartenspiel, das ausschließlich der Unterhaltung diente, und Tarot als Mittel zur Erkundung des verborgenen Wissens über Gegenwart und Zukunft. Während die oberflächliche Nutzung des Spiels von den Kirchen lediglich nicht gern gesehen wurde, wurde der Tarot als Mittel zum Wahrsagen regelrecht bekämpft. Immerhin galt der Versuch, in die Zukunft zu blicken, als höchst unchristlich. Und doch setzte sich das Lesen der Tarotkarten als Mittel zur Zukunftsschau durch. Zu den bekanntesten unter den vielen unterschiedlichen Tarotdecks gehören der Marseiller Tarot, der Zigeunertarot, der Rider Waite Tarot und der Crowley Tarot.

Welche Tarotkarten Sie benutzen sollen? Die Antwort ist einfach: Das hängt in erster Linie von Ihrem persönlichen Geschmack ab. *Das* richtige Spiel gibt es nicht. Wichtig ist vielmehr, dass die Karten Sie ganz persönlich ansprechen. Je stärker Ihre emotionale Reaktion auf die Bilder ist, desto bessere Ergebnisse werden Sie beim Befragen des Tarots erzielen. Suchen Sie also nicht nach *dem* richtigen Tarotspiel, sondern nach *Ihrem* Tarotspiel und verlassen Sie sich bei der Wahl auf Ihr Gefühl. *Ihr* Tarotspiel wird Sie ansprechen, andere Variationen werden Sie gleichgültig lassen.

Für Erforscher der Wahrsagekunst sind Tarotkarten alles andere als eine belanglose Sammlung von Bildern. Vielmehr sehen sie in den oft märchenhaft schönen Karten das Ergebnis uralten Wissens.

Die Bilder, so heißt es, sprechen die archaische Sprache des Unbewussten. Vordergründig bieten sie sichtbare Informationen, hintergründig lösen sie im Unbewussten des Betrachters gespeicherte Energien aus.

Kleine und große Karten – die Welt des Tarot

Ein Tarotspiel besteht aus 56 »kleinen« und 22 »großen« Karten, die auch als kleine und große Arkana bezeichnet werden. Die »kleinen« Karten setzen sich aus jeweils zehn Zahlenkarten und jeweils vier Personenkarten in vier Farben (Schwerter, Stäbe, Kelche und Scheiben) zusammen. Die vier Farben finden ihre Entsprechung in den Farben der Skatkarten: Schwert = Pik, Stab = Kreuz, Kelch = Herz und Scheibe oder Münze = Karo.

Für das Wahrsagen mit Tarotkarten spielt die uralte magisch-symbolische Bedeutung der Farben eine große Rolle:

DAS SCHWERT weist auf die Logik hin und fordert auf, den Verstand zu gebrauchen. Mit scharfen Sinnen soll versucht werden, die Welt zu analysieren. Es gilt, so viel wie möglich wirklich wahrzunehmen!

DER STAB erinnert an den freien Willen. Er hilft, wirklich wichtige Wünsche real werden zu lassen. Doch Vorsicht: Der freie Wille kann auch zu negativen Entscheidungen führen, die Schaden bringen!

DER KELCH fordert auf, Gefühl und Intuition zum Zug kommen zu lassen. Die Kräfte des Inneren werden oft zu stark unterdrückt. Wir dürfen sie nicht vernachlässigen!

DIE SCHEIBE *oder* MÜNZE verlangt nach der aktiven Handlung, die eine Idee erst Wirklichkeit werden lässt. Sie erinnert uns daran, dass wir auch mit dem Materiellen sorgsam umgehen müssen. Wir sind nur Gäste auf dieser Erde.

Die so genannten Hofkarten haben unterschiedliche Namen. Sehr gebräuchlich sind König, Königin, Ritter und Bube. Aber auch andere Titel wie Prinz, Prinzessin, Ritter und Königin oder Tochter, Sohn, Mutter und Vater werden benutzt.

Doch bevor Sie mit den kleinen Arkana arbeiten, sollten Sie die Bedeutung der 22 großen Arkana kennen.

DER NARR (0) steht wie das neugeborene Kind am Beginn des Lebens- beziehungsweise Entwicklungsweges. Alle Chancen und Risiken liegen noch vor ihm. Er beginnt seine Reise ohne Vorbelastung.

DER MAGIER (I) weist darauf hin, dass Wünsche allmählich Gestalt annehmen. Das Leben kann aktiv gestaltet werden.

DIE HOHEPRIESTERIN (II) erkundet das eigene innere Wissen. Sie lernt, Gefühle auszudrücken und für Gefühle empfänglich zu sein.

DIE KAISERIN (III) ist eher eine liebevoll mütterliche Erzieherin, die nach außen hin Grenzen zu setzen weiß, aber nicht autoritär auftritt.

DER KAISER (IV) verweist darauf, wie wichtig es ist, Verantwortung zu übernehmen. Gewiss, er hat Autorität, aber er übt sie gerecht aus und bleibt immer tolerant.

DER HOHEPRIESTER (V) indoktriniert nicht, sondern vermittelt die wichtigen Regeln für den Weg durchs Leben – ganz wie ein guter Lehrer.

DIE LIEBENDEN (VI) symbolisieren den ersten Kontakt mit dem anderen Geschlecht – und die Trennung vom Elternhaus.

DER WAGEN (VII) versinnbildlicht das aktive Annehmen der Selbstständigkeit, den bewussten Beginn eines Lebens in Eigenregie.

KRAFT (VIII) bedeutet Stärke, aber auch Freude. Herausforderungen kommen unweigerlich auf jeden von uns zu – und können gemeistert werden. Zur aktiven Bewältigung des Lebens mit all seinen Problemen gehört auch die intelligente Steuerung der Leidenschaften.

DER EREMIT (IX) kündigt eine geistige Umstellung an: Man strebt nicht mehr in erster Linie nach Mammon, sondern nach inneren Werten und Selbstbesinnung.

DAS RAD DES SCHICKSALS (X) dreht sich weiter und bietet neue Möglichkeiten, die genutzt werden können.

DIE GERECHTIGKEIT (XI) fordert Rechenschaft und will wissen, warum was getan wurde. Hier geht es darum, unterschiedliche Kräfte ins Gleichgewicht zu bringen.

Der Gehängte (XII) kündigt nicht etwa den Galgen an, sondern vielmehr eine andere Betrachtungsweise der Dinge, die ganz neue Erkenntnisse bringt.

Auch die Karte Tod (XIII) steht nicht für das Ende des Lebens, sondern für den Beginn einer neuen Phase und den Abschied von überholten Denkweisen.

Mässigkeit (XIV) bedeutet Neubeginn. Die vorhandenen Kräfte können neu gemischt und zum Erreichen neuer und wichtigerer Ziele eingesetzt werden. Ein neuer Lebensabschnitt kann beginnen.

Der Teufel (XV) ist nicht der satanische Unhold aus den tiefsten Abgründen der Hölle. Er weist vielmehr auf die negativen Aspekte des eigenen Wesens hin und zeigt uns finstere Bereiche des eigenen Ichs, die wir so gern vor anderen und vor uns selbst verheimlichen.

Der Turm (XVI) hat zwei Gesichter. Er erinnert daran, dass man so manchen Kampf verlieren kann. Er macht aber auch Hoffnung: Wenn alte Strukturen erst einmal aufgebrochen und überholte Pläne verworfen wurden, kann man wieder positiv in die Zukunft blicken. Neue Chancen bahnen sich an.

Der Stern (XVII) schenkt Hoffnung und Zuversicht. Künftiges kann sehr wohl klappen. Also: Nur Mut!

Der Mond (XVIII) zeigt, dass der Weg der Intuition Erfolg verspricht. Das Wissen aus den Tiefen des Ichs kann jetzt hilfreich sein – für die produktive Fantasie ebenso wie auf der Suche nach Erkenntnis.

Die Sonne (XIX) verweist auf das Idealbild des Menschen. Er hat alle Zweifel abgelegt und ist sich seiner sicher. Nichts bringt ihn mehr aus dem seelischen Gleichgewicht. Dank seiner Ausgewogenheit ist er wirklich stark. Energiegeladen und voller berechtigter Hoffnungen kann er in die Zukunft blicken.

DAS GERICHT (XX) ruft zur Besinnung. Wie ist das Leben bisher gelaufen? Welche Fehler wurden begangen? Wo wurde Schuld angehäuft? Fehler und Irrtümer können jetzt selbstkritisch erkannt – und wie überflüssiger Ballast über Bord geworfen werden. Das Tor zur geistigen Weiterentwicklung steht offen.

DIE WELT (XXI) steht für das ideale Ziel eines jeden Menschen: Er hat alle Widersprüche überwunden und seine individuelle Persönlichkeit in jeder Hinsicht voll entfaltet. Nun lebt er ganz im Einklang mit sich selbst und in Harmonie mit dem ganzen Universum.

Wenn Sie die großen Arkana des Tarot, also die Karten von 0 bis XXI, als eine bildhafte Darstellung des menschlichen Lebens betrachten, steht die Null (Der Narr) für den Anfang. Ein Baby tritt ins Leben. Chancen und Gefahren, Probleme und Erfolge, Weinen und Lachen – sein ganzes künftiges Leben breitet sich vor ihm aus. Das kleine Kind erkennt schon früh: Ich kann tun, ich kann handeln (I). Es lernt, seine Gefühle auszudrücken und Gefühle anderer anzunehmen (II). Ganz nah ist die Mutter (III), die das Kind bei der Hand nimmt und ins Leben führt. Der ideale Vater (IV) lehrt das Kind Selbstverantwortung. Mutter und Vater schenken dem Kind Liebe und Sicherheit. Später folgt der Lehrer (V), der das Kind unterrichtet. Er bringt ihm Regeln bei.

Das Kind wächst heran und macht Bekanntschaft mit dem anderen Geschlecht (VI). Es wird langsam selbstständig (VII), nabelt sich von den ersten Autoritätspersonen ab. Dann lernt der junge Mensch die Kraft des Lebens (VIII) kennen. Sie ist die Grundlage dafür, dass er die Herausforderungen des Lebens annehmen kann. Doch bei aller Kraft dürfen die innersten Werte (IX) nicht vergessen werden. Das innere Selbst wird am besten gesucht, wenn schon eine gewisse äußere Selbstsicherheit vorhanden ist. Sobald sich der Mensch selbst gefunden hat, stellt ihn das Schicksal (X) vor neue Aufgaben, bietet ihm neue Chancen.

Der bewusste Mensch weiß, dass er Rechenschaft darüber ablegen muss, was er getan und gelassen hat (XI). Der selbstbewusste Mensch erkennt Neues aus einem anderen Blickwinkel (XII). Er verabschiedet sich von falschen Träumen und Idealen (XIII) und kann neue Herausforderungen annehmen. Neuorientierung bedeutet: Der ältere Mensch weiß, wie er seine Fähigkeiten und Kräfte immer wieder einsetzen kann, um Neues zu erreichen (XIV). Er kennt sich selbst inzwischen sehr gut und weiß auch um seine Schwächen. Er kennt seine dunkle Seite und seinen »inneren Schweinehund« (XV). Es gibt nicht nur Siege, sondern auch Niederlagen. Doch Niederlagen müssen nicht das Ende bedeuten. Der Mensch verliert nicht zuletzt deshalb immer wieder, weil er sich veränderten Situationen nicht angepasst hat (XVI). Doch auf Misserfolgen können neue Erfolge aufgebaut werden. Misserfolge können aufzeigen, dass man in die falsche Richtung gegangen ist, dass die eigenen Stärken auf anderen Gebieten liegen.

Über allem erstrahlt die Hoffnung, eine der wichtigsten treibenden Kräfte des Menschen (XVII). Der weise Mensch sieht immer die Hoffnung und vergisst seine Seelenkräfte nie. Er vertraut seiner schöpferischen Fantasie, seiner Intuition. Er sucht die Kraft in seinem tiefsten Inneren (XVIII). Der Mensch entwickelt sich stets weiter – hin zum Ideal, dem gelassenen, in sich ruhenden Menschen (XIX). Er denkt an das Vergangene zurück, sieht seine Fehler ein und bereut sie. Er wächst an Erfolgen wie an Niederlagen. Er wird körperlich stark und wieder schwach, doch spirituell wächst er immer weiter. Der reife Mensch urteilt sogar über sich selbst gerecht. Er kommt mit sich selbst ins Reine – und kann dann so wachsen, dass er die wirkliche Entfaltung seines Ichs, seines umfassenden Potenzials erlebt – als starkes Wesen im Einklang mit Natur und Kosmos.

Die großen Arkana können Ihnen helfen, über das Leben nachzudenken. Vertrauen Sie Ihrer Intuition. Denken Sie über Grenzen hinaus. Die Mutterfigur (III) müssen Sie sich nicht unbedingt als Person vorstellen. Sie können sie auch als Kräfte sehen, die auf Ihr Leben einwirken – liebevoll, aber doch Grenzen aufzeigend. Den Kaiser (IV) haben Sie gewiss längst erfahren: als strengen Vater vielleicht oder als das Leben selbst, das Ihnen mit Nachdruck beibrachte, Verantwortung zu übernehmen. Der Schritt in die Selbstständigkeit, der durch die Tarot-Karte Der Wagen (VII) symbolisiert wird, kann sich immer wiederholen: bei der Loslösung von den Eltern oder vom Lehrherrn, bei jedem Berufs- oder Wohnortwechsel. Zu Beginn des dritten nachchristlichen Jahrtausends zwingt die wirtschaftliche Lage immer mehr Menschen zur Flexibilität. Wie kontinuierlich das Leben früher auch verlaufen sein mag, heute gibt es immer wieder Wandel (X).

▶ Ein einfaches Tarot-Legesystem

Es gibt nicht *die eine richtige* Art, die Tarot-Karten zu legen, sondern viele: einfache, bei denen Sie nur einige wenige Karten auflegen, und komplizierte, für die Sie viele Karten benötigen. Hier soll ein einfaches Legesystem als kleine »Kostprobe« genügen.

Sie mischen die Karten der großen Arkana gut durch. Dann legen Sie sie wie folgt ab: die erste Karte (A) oben, darunter eine Reihe von vier Karten (B,C,D,E) darunter wiederum eine Karte (F) und in der vierten Reihe eine weitere Karte (G).

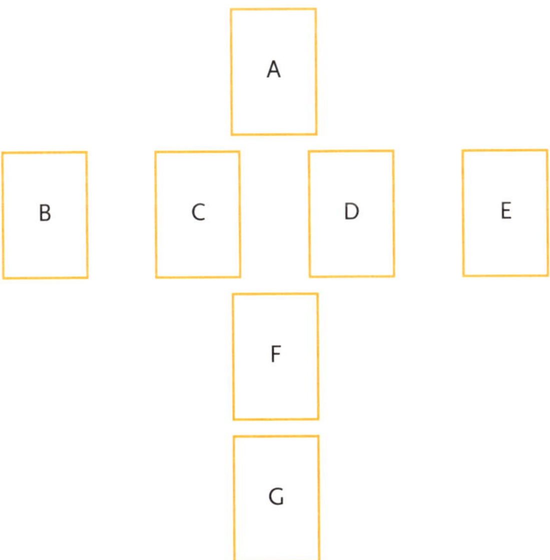

Karte A enthüllt, welcher Einfluss von außen wirkt. Karte B sagt Wichtiges über die Vergangenheit aus. Karte C verrät, worum es eigentlich geht. Karte D deutet an, welche Aufgabe gelöst werden muss. Karte E ist ein Spiegel der Gegenwart. Karte F lässt einen Blick in die Zukunft werfen. Karte G zeigt ein wichtiges Resultat an.

Eine Anekdote in Sachen Tarot

Anne Marie Lenormand (1772–1843) war vermutlich die berühmteste europäische Kartenlegerin ihrer Zeit. Sie benutzte selbst gezeichnete Tarotkarten und machte ihren Kunden präziseste Vorhersagen. So las sie 1790 einer gewissen Josefine Beauharnais eine Fülle von Einzelheiten über ihr künftiges Leben aus den Karten: Sie werde einen Soldaten ehelichen, dessen Ruhm seinen Namen in aller Welt bekannt machen werde. Die Ehe werde geschieden. Josefine heiratete den Soldaten Napoleon Bonaparte, der weltberühmt wurde. Die Ehe wurde geschieden.

Napoleon selbst war von Madame Lenormands seherischer Interpretation des Spiels fasziniert. Er konsultierte sie immer wieder, war aber manchmal mit der ihm vorhergesagten Zukunft nicht einverstanden. Zweimal ließ er die berühmte Kartenlegerin ins Gefängnis werfen, weil ihre Prognosen anders ausfielen, als sich der impulsive Kaiser das gewünscht hatte. Auch Madame Lenormand neigte zu gelegentlichen Wutausbrüchen und schreckte nicht davor zurück, selbst dem Kaiser ihr Kartenspiel ins Gesicht zu schleudern.

Die verborgene Welt der Skatkarten

Auch einfache Skatkarten können – wie Tarotkarten – zum Wahrsagen benutzt werden. Was eingefleischte Skatspieler selten wissen:

Die Skatkarten haben sich bereits im 13. Jahrhundert unmittelbar aus den Tarotkarten entwickelt. Sie sind somit die zweitältesten Wahrsagekarten Europas.

Die vier Farben der 32 Skatkarten haben für den Wahrsager eine tiefere Bedeutung, über die in den verschiedenen Schulen weitestgehend Einigkeit herrscht.

HERZ ist eine positive Karte. Die Herzkarten stehen für Glück in allen Lebensbereichen, auch (aber nicht nur) in der Liebe. Sie bedeuten Gutes, besonders wenn mehrere Herzkarten beim Legen nah beieinander auftauchen und sich gegenseitig verstärken.

PIK wird zwar manchmal voreilig als negatives Omen angesehen, symbolisiert aber Positives: Hoffnung auf eine gute Zukunft, Vertrauen in Mitmenschen und Freundschaft.

KARO hat wieder eine sehr positive Grundbedeutung. Man kann sie mit »Glück und Segen« übersetzen. Wenn Karo-Karten gehäuft auftreten, lässt das auf großen finanziellen Reichtum schließen.

Kreuz signalisiert nichts Erfreuliches. Kreuz-Karten stehen für Trennung und Verlust, für Unfall, Krankheit und Missgeschick jeder Art. Allerdings würde kein seriöser Kartenleger irgendeine Kreuz-Karte als Todeskarte bezeichnen oder aufgrund einer Kreuz-Karte das Ableben eines Menschen ankündigen.

Sollen die Karten einem Mann die Zukunft offenbaren? Dann stellt der Herzkönig diesen Mann dar. Sollen die Karten einer Dame die Zukunft enthüllen? Dann steht die Herzkönigin (Herzdame) für diese Dame.

Die Interpretationen der einzelnen Karten weichen zum Teil erheblich voneinander ab. Im Folgenden werden die Aussagen der einzelnen Karten stichpunktartig angerissen. Dabei kann natürlich nicht bis in die Tiefen der jahrhundertealten Interpretierkunst vorgedrungen werden.

Herz

Herz 7: ein Moment der Schwäche, heimliche Liebe, Lösung in Sicht.
Herz 8: Ein Wunsch geht in Erfüllung. Ein freudiges Ereignis kündigt sich an.
Herz 9: Verliebtheit, Zuneigung, Bestand und Dauer.
Herz 10: Ehe oder längerfristige Beziehung.
Herz Bube: ein nahe stehender junger Mensch, Verwandter, kann auch ein Haustier sein.
Herz Dame: Fragestellerin oder die Herzdame des Fragenden.
Herz König: Fragesteller oder der Herzkönig der Dame.
Herz Ass: Haus, Wohnung, Familie.

Pik

Pik 7: Warnung vor Mensch oder Sache. Kommunikation ist wichtig.
Pik 8: erfreulicher Besuch, kurze Reise, vorübergehende Trennung, vorübergehende Änderung.
Pik 9: unnötige Sorgen, Neid, Eifersucht.
Pik 10: weite Reise, größere Veränderung, Aufbruch, Neuanfang.
Pik Bube: junge männliche Person, Vertrauen?
Pik Dame: naive weibliche Person, Dame aus der Vergangenheit.
Pik König: männliche Person aus der Vergangenheit, verlässliche Person.
Pik Ass: rechtliche Angelegenheit, Gerechtigkeit.

Karo

Karo 7: gute berufliche Aussichten, echte Chancen.
Karo 8: finanzielle Chancen, beruflicher Aufstieg. Selbstkritisch bleiben!
Karo 9: Fleiß zahlt sich aus. Ehre und Erfolg bahnen sich an.
Karo 10: finanziell günstige Situation, Erbschaft oder Erwerb von Gütern möglich.
Karo Bube: günstige Nachrichten, vertrauenswürdige Person, nützliche Kontakte.
Karo Dame: reiche Dame, vertrauenswürdige Person, nützliche Kontakte.
Karo König: männlicher Förderer, wohlwollender Freund oder Geschäftspartner.

Karo Ass: erfreuliche Überraschung, günstige Chancen im Beruf, Wandel mit Aussicht.

Kreuz

Kreuz 7: Traurigkeit, Tränen. Ist Rückzug (teilweise?) erforderlich?
Kreuz 8: Kummer, Vorsicht mit der Gesundheit! Neuanfang, Auseinandersetzung mit Unbekanntem.
Kreuz 9: Vorsicht vor falschen Freunden! Vorsicht bei vermeintlich »guten Chancen«!
Kreuz 10: Vorsicht vor Streit! Große Änderung möglich.
Kreuz Bube: Schlechte Zeiten! Misserfolg! Das eigene Böse nicht zulassen!
Kreuz Dame: Vorsicht vor einer Dame! Vorsicht vor einer »Freundin«! Misstrauen ist angesagt!
Kreuz König: Vorsicht vor einer »Vatergestalt«! Misstrauen ist angesagt!
Kreuz Ass: Kummer kündigt sich an, beruflich oder privat. Doch mit Bedacht kann aus drohendem Misserfolg noch ein Triumph gemacht werden. Vorsicht vor Krankheit!

▶ Ein Legesystem für Skatkarten

Auch beim Wahrsagen mit Skatkarten gibt es nicht *das eine richtige* Legesystem, sondern viele gleichberechtigte. Je genauer eine Wahrsagung ins Detail gehen soll, desto mehr Karten werden nach einem komplexen System gelegt und interpretiert. Auch die Erklärungen der Karten unterscheiden sich manchmal, je nachdem, welche Wahrsagerin man konsultiert oder welches Buch man zu Rate zieht. Legen Sie sich also zunächst auf eine Interpretation fest, die Sie beibehalten. Wenn Sie mit dem Üben anfangen, sollten Sie ein möglichst einfaches, leicht überschaubares System wie das folgende wählen.

Mischen Sie Ihre Skatkarten ausgiebig und legen Sie dann fünf Karten aus: Karte A oben, darunter eine Reihe mit drei Karten: B, C, D. Karte E legen Sie darunter in die dritte Reihe.

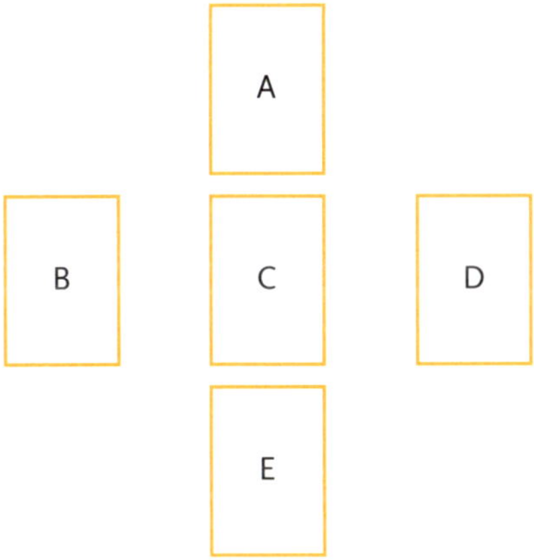

Karte A gibt Hinweise auf Ihre Gedanken. Karte B zeigt an, was Sie erfahren sollen. Karte C kündigt an, was kommen wird. Karte D fragt: Ist das unausweichlich? Karte E verrät, was sich vor Ihnen versteckt.

Lassen Sie sich Zeit bei der Interpretation der Karten. Halten Sie schriftlich fest, welche Karten Sie wie abgelegt und wann (Datum!) wie interpretiert haben. Notieren Sie die Ergebnisse Ihrer wahrsagenden Interpretation möglichst ausführlich. Auf diese Weise können Sie später überprüfen, inwieweit Sie die Karten richtig gelesen haben. Wenn man sich keine Aufzeichnungen gemacht hat, neigt man manchmal dazu, die eigene Interpretation im Nachhinein zu schönen.

Die Ereignisse mögen später erkennen lassen, dass die Karten durchaus richtig lagen, aber von Ihnen falsch verstanden wurden. Diese Erkenntnis kann Ihnen helfen, in Zukunft besser zu interpretieren. Auch hier gilt: Übung macht den Meister.

Die Macht der Runen

Eines der ältesten Wahrsagesysteme ist das Runenorakel. Selbst Experten wissen nicht so recht, wann es entstanden ist. Haben erstmals die Etrusker, die Kelten oder die Germanen mit Hilfe der Runen in die Zukunft zu blicken versucht?

Tacitus liefert uns im 10. Kapitel seiner *Germania* eine der ältesten Beschreibungen des Runenorakels: »Auf Vorzeichen und Losorakel achtet niemand so viel wie sie (die Germanen). Das Verfahren beim Losen ist einfach. Sie schneiden von einem fruchtbaren Baum einen Zweig ab und zerteilen ihn in kleine Stücke. Diese machen sie durch Zeichen kenntlich und streuen sie planlos auf ein weißes Laken. Dann betet bei einer öffentlichen Befragung der Stammespriester, bei einer privaten der Hausvater zu den Göttern, hebt, gen Himmel blickend, nacheinander drei Zweigstücke auf und deutet sie nach den vorher eingeritzten Zeichen.«

Es gibt unterschiedliche Systeme, bei denen unterschiedlich viele Runen zum Einsatz kommen. Geläufig sind Einteilungen in ein »älteres Runenorakel« mit 24 Runen, ein »jüngeres Runenorakel« (16 Runen) und ein »angelsächsisches Runenorakel« (33 Runen). Heute wird häufig das »ältere Runenorakel« benutzt, allerdings um eine 25. Rune erweitert.

Darüber, wie jedes einzelne Symbol gedeutet werden kann, gibt die Übersicht ab Seite 146 Auskunft.

▶ Ein Runenorakel herstellen

Am einfachsten ist das Runenorakel als Kartenspiel zu handhaben, und nach magischer Tradition ist ein solches Spiel am wirksamsten, wenn Sie es sich selbst basteln. Schneiden Sie 25 Karten aus Karton und malen Sie auf jede Karte eines der 25 Runen-Symbole. Nehmen Sie sich viel Zeit: Sinnen Sie über die Bedeutung jeder einzelnen Karte nach. Lesen Sie die Bedeutung jeder Karte in Ihrem Runenorakel. Meditieren Sie darüber. Lauschen Sie in sich hinein. Was sagt Ihre innere Stimme zu jedem einzelnen Symbol? Notieren Sie Ihre Gedanken. Sie werden Ihnen später bei der Interpretation des Orakels helfen.

Vielleicht stellen Sie jeden Tag nur eine Runenkarte her – abends, in ruhiger Atmosphäre bei Kerzenschein und einer Tasse Tee oder einem Glas Wein. So schaffen Sie sich Ihr ganz persönliches Exemplar dieses Spiels, mit dem nur Sie Ihre ganz persönliche Zukunft erhellen können.

Hinweis: Das folgende Runenorakel wurde für dieses Buch erstellt. Auf die Bezeichnung für die Rune (z. B. Mannaz) folgt ein prägnantes Stichwort (z. B. Ego), das tendenziell die Bedeutung der Rune klarer werden lässt. Nutzen Sie die Erklärung der einzelnen Runen als Stichworte, um Ihre Intuition anzuregen.

1. Mannaz – Ego: Im Ich findet sich das Geheimnis des Göttlichen. Wichtig ist es, dass Sie versuchen, sich richtig an die Vergangenheit zu erinnern. Machen Sie sich nichts vor! Verklären Sie das Vergangene nicht! Denken Sie nach und erkennen Sie, worin die wirklichen Probleme bestehen. Manchmal verdrängen wir schmerzliche Probleme durch Scheinprobleme, um nicht an das denken zu müssen, was uns wirklich bedrückt. Weisen Sie fremde Hilfe nicht ab, wenn sie ehrlich gemeint ist. Das spüren Sie intuitiv.

2. Gifu – Partnerschaft: In der Partnerschaft liegt der Schlüssel zum inneren Frieden. Lassen Sie sich nicht beherrschen, aber unterdrücken Sie auch niemanden! Ein Geschenk bringt Sie weiter. Geist (Verstand, Logik) und Gefühl können einander ergänzen. Das Selbstwertgefühl kann wachsen. Wenn Sie stark sind, können Sie ein guter Partner sein. Seien Sie entgegenkommend, gehen Sie auf die Interessen und Wünsche Ihnen nahe stehender Menschen ein. Vergessen Sie eine ganz besondere Partnerschaft nicht: die zwischen Ihrem erdverbundenen Verstand und Ihren intuitiven Einsichten, die nicht immer logisch begründet werden können.

3. Fehu – Empfangen: Reichtum und Einfluss sprudeln aus einer Quelle, aus der Sie schöpfen können. Aber Vorsicht: Hüten Sie sich vor Gewalt! Fülle steht Ihnen zur Verfügung – vielleicht im Geschäftlich-Finanziellen, vielleicht im Ideellen. Gute Ideen keimen in Ihnen auf. Hören Sie auf Ihre innere Stimme! Strapazieren Sie das Glück nicht zu sehr. Es könnte sonst in Pech umschlagen. Aufstiegsmöglichkeiten bieten sich.

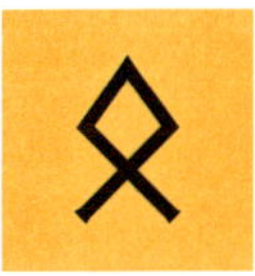

4. Othalaz – Trennen: Die Vergangenheit macht sich bemerkbar und wirkt sich auf die Gegenwart aus. Es ist an der Zeit, sich von Altlasten zu trennen. Geben Sie ungesunde Angewohnheiten auf – das Rauchen zum Beispiel. Die Zeit ist jetzt reif dafür. Jemand beerbt Sie, materiell oder geistig. Vielleicht kommen Sie zu Geld. Oder Sie erkennen ein Lebensziel. Sie können erreichen, was einem anderen vor Ihnen missglückt ist. Oder Sie führen fort, was ein anderer begonnen, aber nicht zum Erfolg geführt hat.

5. Uruz – Kraft: Ein neuer Zyklus beginnt. Etwas erneuert sich, wächst und wird groß. Beschwerden werden gelindert, Krankheit heilt. Mäkeln Sie nicht an sich herum. Sie sind vitaler, als Sie glauben. Lassen Sie Ihre Kraft und Ihr Können zu! Mit Sanftmut und Einfühlungsvermögen erreichen Sie mehr als mit brachialer Gewalt. Verpulvern Sie Ihre Energien aber nicht für Äußerlichkeiten. Nutzen Sie die Kraft, um sich weiterzuentwickeln! Es geht aufwärts.

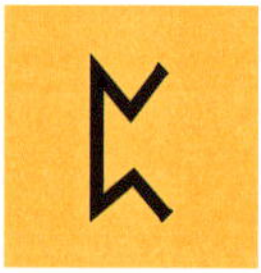

6. Perth – Intuition: Der Zufall kommt zum Zug. Hören Sie auf Ihre Intuition und erkennen Sie, was Ihnen zuteil wird. Akzeptieren Sie es. Dann können Sie das Beste daraus machen. Bleiben Sie ruhig und gelassen. Forcieren Sie nichts und gehen Sie kein Risiko ein! Erfolgserlebnisse warten auf Ihrem Lebensweg. Sie müssen aber wirklich Ihren Weg gehen. Wie er verläuft, wissen Sie in Ihrem Innersten. Lassen Sie sich nichts einreden! Gehen Sie nicht den Weg des geringeren Widerstands. Der mag viel bequemer sein, führt Sie aber nicht zum Ziel.

7. Nauthis – Schmerz: Es verursacht gelegentlich Schmerz, wenn man erkennen muss, dass man falsche Ziele verfolgt hat, die nicht wirklich erstrebenswert waren. Sie lernen zu sehen, was Sie wirklich wollen. Hemmende Fesseln werden durchtrennt, beschwerliche Hürden beseitigt. Sie können vorankommen im Leben, auch wenn es nicht immer leicht sein wird. Sie müssen auf eigenen Beinen stehen. Tun Sie, was Sie wirklich wollen, nicht, was Modetrends und Mitmenschen Ihnen einreden. Sie bekommen, was Ihnen wirklich fehlt.

8. Ingaz – Vergeblichkeit: »Vergeblich«, denken Sie, »waren Anstrengungen.« Doch Sie irren! Geben Sie nicht zu früh auf, dann werden Sie erkennen, dass scheinbar unüberwindbare Hindernisse verschwinden. Schwierige Aufgaben lassen manchen verzweifeln. Fassen Sie Mut! Sie schaffen es! Mag sein, dass Sie eine schwierige Phase durchmachen, aber sie geht vorüber. »Es ist doch vergeblich«, flüstert Ihnen Ihr »innerer Schweinehund« immer wieder zu. Hören Sie nicht auf ihn! Wenn Sie Ausdauer und Geduld aufbringen, wird Ihnen alles Wichtige, was Sie erreicht haben, nicht mehr genommen werden können.

9. Algiz – Schutz: Selbstlosigkeit zahlt sich für Sie aus. Gewähren Sie Ihren Mitmenschen Schutz – und Sie werden beschützt. Helfen Sie anderen – und Ihnen wird geholfen. Selbstloses Handeln steht unter »himmlischer« Protektion, unter göttlichem Schutz. Egoistisches Handeln mag zwar kurzfristige Erfolge schenken, langfristig aber werden Sie damit scheitern. Die Zeit ist ideal, um auf »übersinnlichem Wege« Informationen über die Zukunft zu erlangen. Neid und Missgunst können Ihnen nichts anhaben.

10. Eihwaz – Verteidigung: Seien Sie vor Angriffen auf der Hut. Mag sein, dass Sie attackiert werden. Lassen Sie sich dadurch nicht verängstigen: Sie haben die Kraft, sich erfolgreich zu verteidigen. Anfeindungen können Sie zu Ihren Gunsten nutzen, indem Sie noch gezielter verfolgen, was Ihnen wichtig ist. Mag Ihnen die Zukunft manchmal auch trübe erscheinen, es geht doch immer bergauf. Erfolge liegen auf Ihrem Lebensweg. Nur Mut: Sie können sich durchsetzen, auch gegenüber dem vermeintlich Stärkeren. Bleiben Sie positiv im Denken und vergeuden Sie keine Kraft für destruktive Pläne!

11. Ansuz – Besitz: Immer wieder erleben wir es: Materieller Besitz ist flüchtig. Diese Rune weist Ihnen immateriellen Besitz zu: Autorität. Mit Ihrer Autorität können Sie Ihre Mitmenschen für sich einnehmen und zu Ihrem Vorteil arbeiten lassen. Sie haben Glück in zwischenmenschlichen Beziehungen und können damit rechnen, auf breite Zustimmung zu stoßen. Im Bereich der Kommunikation sind Sie fast unschlagbar. Missbrauchen Sie Ihren kraftvollen Besitz nicht, sonst verlieren Sie ihn! Vorurteile haben keinen Bestand. Sie können Mut beweisen und sich durchsetzen. Bleiben Sie im Sieg weise und menschlich.

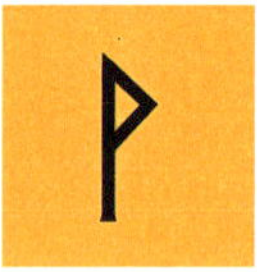

12. Wunjo – Licht: Wenn Sie diese Rune »ziehen«, wird Ihnen Licht geschenkt: Sie werden bislang Unverstandenes erhellen und alte Probleme in »neuem Licht« sehen. Was schwer auf Ihnen lastet, mag sich als gar nicht so schlimmes Problem erweisen. Die Dinge ändern sich – zu Ihrem Vorteil, zum Besseren. Zweifel werden beseitigt. Alles nimmt ein gutes Ende. Im Team erzielen Sie besonders große Erfolge. Familiäre Probleme, Probleme mit Freunden und im engsten Kollegenkreis lassen sich lösen. Wunjo kündigt Glück an.

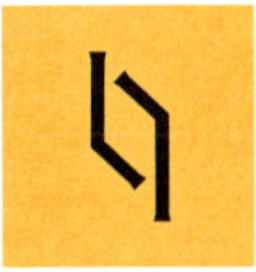

13. Jera – Herbst: In der Natur gibt es einen ewigen Kreislauf von Entstehen und Vergehen, von Werden und Vergehen. Diese Rune verspricht Ihnen den Erfolg, den Sie verdient haben. Sie haben ihn sich redlich erarbeitet. Im »Herbst« fahren Sie die reiche Ernte ein. Eine Zeit der Fülle kommt auf Sie zu. Aber Vorsicht: Überstürzen Sie nichts! Warten Sie geduldig ab, bis die Zeit wirklich reif ist für Ihren Erfolg. Er steht vor der Tür. Auf immaterieller Ebene: Mit diplomatischem Geschick und Einfühlungsvermögen schaffen Sie zwischenmenschliche Harmonie. Im Licht des Herbstes sehen Sie vieles milder.

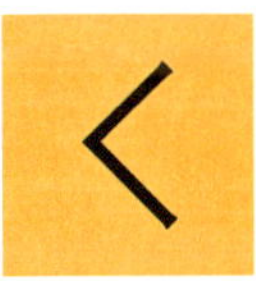

14. Kenaz – Frühjahr: Im Frühjahr ist Amor unterwegs, sagt man. Aber das »Frühjahr« der Liebe kann immer Saison haben! Positiv sieht es um Liebe und Leidenschaft aus, wenn Ihnen diese Rune »zufällt«. Wirklich sehr heftige Zeiten der Leidenschaft können ins Haus stehen. Verlieren Sie nicht den Kopf! Riskieren Sie nicht, alles zu verlieren, was Ihnen wirklich lieb und teuer ist. Im weiteren Sinne steht diese Rune für eine gute Zeit der Erneuerung. Die Zeit ist gekommen, um über den bisherigen Verlauf Ihrer Partnerschaft nachzudenken. Jetzt können Sie Ihre Fehler besonders klar erkennen und korrigieren. Was Sie heute tun, kann morgen Ihre Beziehung retten. Nur Mut! Versäumnisse erkennen ... neue Chancen überlegt nutzen! Es lohnt sich wirklich!

15. Tyr – Energie: In der martialischen Sprache der Germanen verheißt diese Rune den Sieg nach hartem Kampf. Heute kämpft man nicht mehr unbedingt mit Schwert und Keule, aber immer noch mit harten Bandagen. Sie werden sich siegreich durchsetzen, müssen aber vielleicht auch ein Opfer bringen. Es kann sein, dass Sie sich ungerecht behandelt fühlen. Schmollen Sie nicht, sondern treten Sie mutig auf. Sie werden siegen. Es ist sehr wichtig, dass Sie Ihre Energie gezielter einsetzen. Verzetteln Sie sich nicht! Nutzen Sie Ihre Entschlusskraft, um Ihr Ziel auf direktem Weg zu erreichen. Die Energie dazu haben Sie.

16. Berkana – Wiedergeburt: Ihre Unzufriedenheit beruht darauf, dass manches in Ihrem Leben in Unordnung geraten ist. Sie haben Ihre Mitte verloren, werden sie aber wiederfinden, wenn Sie Ihr Leben neu ordnen. Aus dem Chaos entsteht die Ordnung, die wieder im Chaos versinkt. Und aus der Unordnung wird eine neue Ordnung geboren. Bringen Sie wieder Ordnung in Ihr Leben und beginnen Sie mit der Planung für Ihr künftiges Leben: Was ist Ihnen wichtig? Was möchten Sie unbedingt erreichen? Fangen Sie heute damit an: Was Sie heute aussähen, können Sie morgen ernten. Freuen Sie sich darauf.

ᛖ

17. Ehwaz – Bewegung: Bewegung kommt in Ihr Leben. Etwas Neues kündigt sich an. Es kann zu abrupten Änderungen kommen. Vielleicht müssen Sie plötzlich verreisen. Wenn Sie sich nicht überraschen lassen, wird sich Ihr Leben auf eine positive Zukunft zu bewegen. Sie können jetzt Fortschritte machen, im privaten wie im beruflichen Bereich. Wichtig ist, dass Sie Verlässlichkeit und Treue hochhalten. Sie erleben eine Phase, in der Sie Belastungen gut verkraften können. Bei allem Elan dürfen Sie aber nicht in Hektik verfallen, sonst führt nervöse Unruhe zu Misserfolgen, die ganz und gar vermeidbar wären.

ᛚ

18. Laguz – Fluss: Manchmal sind die Welten der Vernunft und der intuitiven Fantasie nicht so recht miteinander zu vereinbaren. Doch nun erleben Sie eine Phase, in der die Welt der Träume in die Welt des harten Alltags fließt. Nutzen Sie diesen Fluss, indem Sie besonders intensiv auf Ihre Träume und deren Botschaften achten. Wenn Sie Ihr Traumtagebuch vernachlässigt haben, sollten Sie es jetzt wieder mit Sorgfalt führen, denn Sie werden besonders wichtige, lebendige Träume mit bedeutsamen Inhalten haben. Nehmen Sie sich besonders viel Zeit, um Ihre Träume zu deuten. Sie erfahren Wichtiges über Ihre Zukunft.

19. Hagalaz – Störende Kräfte: Störende Kräfte machen sich bemerkbar. Auch wenn Sie eben noch Fortschritte gemacht haben, jetzt drohen Rückschläge. Es kann – im übertragenen Sinne – aus heiterem Himmel Hagel fallen. Geben Sie nicht zu früh auf! Akzeptieren Sie die Schwierigkeiten als Herausforderungen. Entwickeln Sie Ehrgeiz, um sie zu meistern! Dann werden die negativen Kräfte keinen Schaden anrichten. Im Gegenteil: Sie werden Sie stärken, nicht schwächen. Sie wachsen über sich selbst hinaus und leisten Erstaunliches. Ein alter Traum ist geplatzt. Finden Sie sich mit der Realität ab. Geben Sie neuen Träumen eine Chance!

20. Thurisaz – Handlungslosigkeit: Vorsicht, wenn Sie diese Rune ziehen! Sie werden eine Ahnung von künftigem Unglück erhalten. Es wird sein, als sei ein Tor in die Finsternis aufgestoßen worden. Sie erschrecken und halten inne. Das ist vernünftig. Doch verharren Sie nicht in dieser Phase der Handlungslosigkeit. Sie erkennen, dass die Hiobsbotschaft den Weg für einen neuen Anfang freimacht. Was als schwarze Zukunft erscheint, muss gar nicht so schlimm sein. Mit Besonnenheit und Kraft überwinden Sie den Widerstand. Hören Sie auf Ihre Gefühle. Vielleicht erwacht Liebe in Ihrem Herzen. Überwinden Sie in Gefühlssachen falsche Schüchternheit, die zu ermüdender Handlungslosigkeit führt.

21. Dagaz – Durchbruch: Radikale Veränderungen sind möglich. Sie gewinnen große Klarheit und Einsicht. Seien Sie offen für wichtige Nachrichten. Ihr Leben bekommt einen kräftigen Schub in die richtige Richtung, zu Ihrem Vorteil. Sie stehen vor einem wichtigen Durchbruch. Vielleicht machen Sie erstaunliche Fortschritte im Beruf oder im Privatleben. Vielleicht spielt sich der Durchbruch aber auch mehr auf geistiger Ebene ab: Sie gewinnen wirklich wichtige neue Erkenntnisse. Ein altes Vorhaben kann zu Ihrer Zufriedenheit abgeschlossen werden.

22. Isa – Winter: So wie im Winter alles erstarrt, kommt es zu einem Stillstand in Ihrem Leben. Nutzen Sie diese Phase für intensives Nachdenken. Die Isa-Rune steht für Eis, für erstarrte, blockierte Gefühle. Überdenken Sie Ihre Gefühle. Übertreiben Sie es manchmal mit der Selbstbeherrschung? Stehen Sie mehr zu Ihren Gefühlen! Achten Sie aber auch die Gefühle Ihrer Mitmenschen und seien Sie nicht zu ich-bezogen. Isa kündigt Stillstand an. Schöpfen Sie Kraft in einer Zeit der Ruhe, verfallen Sie aber nicht in Lethargie. Sie können morgen Pläne umsetzen, die Sie heute geschmiedet haben.

23. Wyrd – Unbekannt: Das Schicksal klopft an Ihre Tür. Sie werden mit dem Geheimnisvollen konfrontiert, mit dem rätselhaften Unbekannten, mit Ihrem ganz persönlichen Geheimnis. Werden Sie es zu lüften verstehen? Kämpfen Sie nicht aus Prinzip gegen das Schicksal, sondern versuchen Sie das Beste aus dem zu machen, was manchmal einfach nicht geändert werden kann. Bleiben Sie unverkrampft und offen. Lassen Sie das Neue in Ruhe auf sich zukommen.

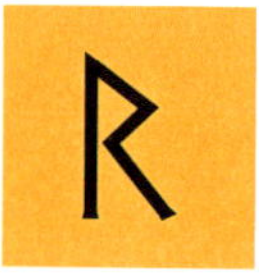

24. Raidho – Verständigung: Eine gute Zeit der Verständigung beginnt für Sie – zu Hause und in der Fremde. Eine Reise kündigt sich an. Denken Sie dabei nicht nur an eine Urlaubsreise oder einen Umzug, denn hier kann auch eine Reise im übertragenen Sinne gemeint sein: Sie bewegen sich auf die Verwirklichung eines wichtigen Zieles zu, das Sie womöglich schon vor längerer Zeit angepeilt haben. Sie sind auf dem richtigen Weg. Vielleicht müssen Sie Ihre Bemühungen noch ein wenig intensivieren, um an Ihr ersehntes Ziel zu gelangen. Wichtige Vorhaben stehen unter einem guten Stern: Ihre Bemühungen um ein gesünderes Leben, um Hobby und Beruf, um Liebe und Freundschaft.

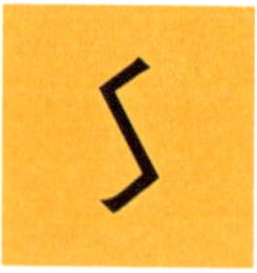

25. Sowela – Sonne: Die Weichen sind optimal gestellt. Sie setzen sich durch und haben Erfolg, beruflich wie privat, materiell wie geistig. Die Sonne schenkt Ihnen ein intensives Lebensgefühl, Vitalität und Lebenskraft. Wenn Sie die Sowela-Rune ziehen, können Sie sich auf neue, erhellende Erkenntnisse gefasst machen, vor allem über Ihr wirkliches Ich. Der Drang zur Selbstverwirklichung ist groß. Sie wollen Sie selbst sein, wollen sich nicht fremden Vorstellungen anpassen oder Ihnen fremde Ziele verfolgen, nur weil sie Erfolg versprechen.

▶ Eine Möglichkeit, das Runenorakel zu befragen

Nehmen Sie die »Ego-Karte« (Mannaz) aus dem Stapel und legen Sie sie vor sich auf den Tisch. Dann mischen Sie die restlichen Karten ruhig und sorgsam, ziehen drei Karten und legen sie ab: die erste rechts neben die »Ego-Karte«, die zweite links neben die »Ego-Karte«, die dritte unter die »Ego-Karte«. Das sieht dann so aus:

Die erste Karte betrifft Ihre augenblickliche Situation. Die zweite Karte bezieht sich auf die Zukunft. Die dritte Karte erklärt die Vergangenheit.

Sieht aus wie … – Bleigießen und Kaffeesatzlesen

Schon vor Jahrhunderten benutzte man in der Türkei eine sehr einfache Variante des prophetischen Orakels: Kerzenwachs wurde erhitzt und in kaltes Wasser gegossen. Dann betrachtete man die Formen und Figuren, die sich gebildet hatten, und machte sich Gedanken dazu: Sieht aus wie … Etwas ganz Ähnliches haben Sie wahrscheinlich schon selbst ausprobiert, beim Bleigießen zum Jahreswechsel. Statt Wachs haben Sie flüssiges Blei in Wasser erstarren lassen. Dann haben Sie die entstandenen Figuren betrachtet – und als Hinweis auf Ihre Zukunft interpretiert. Das Deuten des Tee- oder Kaffeesatzes funktioniert ganz ähnlich, das Wahrsagen aus Wolkenbildern auch. Sie schauen ruhig und gelassen in den bewölkten Himmel, fast träumerisch – und erkennen »Bilder«. Oder Sie lassen Tinte auf ein Blatt Papier tropfen, falten das Papier so oft wie möglich und deuten das so entstandene Bild. Vielleicht können Sie sich sogar eine eigene Methode ausdenken, die nach diesem Prinzip funktioniert.

Es geht immer darum, dass etwas aussieht wie … Betrachten Sie die Form zu der »Ihr« Blei im kalten Wasser erstarrt ist, zu der sich Wolken am Himmel formieren oder die Sie in Ihrem Kaffeesatz erkennen. Was sagt Ihnen diese Form? Wie deutet Ihre Intuition diese Figur? Welche Gedanken kommen Ihnen? Als Hilfestellung bei der Interpretation soll das folgende kleine Alphabet dienen, das die Bedeutung der wichtigsten Formen und Figuren erschließt.

ANKER: Erfolg im Beruf wie im Privatleben, Reisen, Veränderungen. Neues wächst auf Altbewährtem.

AXT: Probleme müssen tatkräftig angegangen werden. Zupacken, handeln statt theoretisieren.

BIENE: Erfolg durch Beständigkeit und Fleiß. Auf Freunde ist Verlass.

BRIEF: Wichtige Nachricht! Informationen weisen den Weg.

CLOWN: Spaß, Unterhaltung und Abwechselung. Mal ausspannen und lachen.

DOLCH: Gefahr droht. Keine übereilten Entscheidungen treffen, die man später bereuen muss! Fremde List kann zu falschen Entscheidungen führen.

ELEFANT: Ausdauer und Geduld bringen langfristig Erfolg.

ENTE: Schwimmt die Ente, kommt das Glück. Wohlbehagen!

FISCH: Reise übers Wasser, wirklich großes Glück.

GELD: finanzieller Gewinn, günstige Zukunft.

GEWEHR: Vorsicht vor der Aggressivität anderer. Die eigene Angriffslust zügeln!

HAMMER: Eigene Argumente lassen sich durchsetzen. Nicht nachlassen im Bewältigen von Problemen! Ausdauer!

HASE: Verzagtheit, Ängstlichkeit. Vorsicht vor Gefahr!

HERZ: Liebe und Zufriedenheit, Glück in der Beziehung.

IGEL: Klugheit führt zum Ziel. Immer abwehrbereit sein, aber nicht in Angst erstarren!

JOCH: Vor- und Nachteile eines Angebots abwägen! Vorsicht: Nicht in Abhängigkeit geraten, selbst entscheiden!

KÄFIG: Gefühl der Beklemmung und des Eingesperrtseins, Wunsch nach Freiheit und Eigenständigkeit.

Kreis: gutes Omen, privater wie beruflicher Erfolg, Festigung der Partnerschaft. Aus Liebelei wird Liebe.

Kuh: Trost hilft bei Verlust oder Niederlage. Fürsorge lässt Wunden heilen.

Löwe: Die Hilfe eines starken Freundes lässt eigene Ideen gedeihen. Großer Erfolg ist in Sicht.

Leiter: Nicht verzagen, es geht aufwärts, wenn auch Stufe um Stufe und nicht im »Sauseschritt«.

Maske: Nicht verstellen und sich auch nicht in die Irre führen lassen!

Nadel: Herz und Schmerz. Es tut sich etwas in Sachen Liebe.

Nagel: Sei auf der Hut vor möglicher Ungerechtigkeit!

Ofen: Behaglichkeit genießen, rechtzeitig vorsorgen, sparsam sein, nicht leichtsinnig und verschwenderisch!

Pferd: neue Informationen, Nachrichten. Je schneller das Pferd, desto früher treffen die Neuigkeiten ein.

Pilz: Es geht weiter voran. Das eigene Reich wächst. Der Einfluss auf andere wird größer.

Qualle: Vorsicht vor einem unberechenbarem Feind!

Rad: Phase der Regeneration nach Stress und Anstrengung.

Rechteck: Einschränkung und Begrenzung.

Schlange: Vorsicht vor falschen Freunden! Gefahr durch List und Tücke!

Strasse: Wie die Straße, so die Zukunft: gerade oder mit Umwegen. Unterbrechungen bedeuten Probleme, die gelöst werden können. Danach geht es weiter.

Tasse: Ruhe und Besinnlichkeit, Phase der Erholung, Regeneration in Zufriedenheit.

Tisch: Kommunikation bringt Einigung: miteinander reden statt streiten, »an einen Tisch setzen«!
Uhr: Wartezeit geht zu Ende. Was lange geplant wurde, wird endlich gut. Verzögerung ist keine Katastrophe.
Vulkan: Vorsicht vor Gefühlsausbrüchen! Heftige Emotionen bergen Risiken – und manchmal Chancen.
Waage: Streitigkeiten schlichten, auf Gerechtigkeit setzen, nicht auf egoistischen Gewinn.
Windmühle: nicht alles durchsetzen wollen, sich der Situation entsprechend verhalten, Kompromissbereitschaft!
Zelt: Turbulenzen in Sachen Liebe.
Zepter: finanzielle Unsicherheit.

Numerologie – das Geheimnis der »eigenen« Zahl

Das Zahlendenken der Pythagoräer

Schon im sechsten Jahrhundert vor Christus lehrte Pythagoras, dass Zahlen nicht nur das Fundament der Welt, sondern des gesamten Kosmos sind: »Die Zahl ist das Wesen aller Dinge.«

Der Kundige, so Pythagoras, kann den Charakter jedes Menschen, sein Tun und Lassen auf Zahlen reduzieren.

Jeder Mensch besitzt nach dieser Lehre eine Seele, die ihren Ursprung im Kosmos hat und im harmonischen Einklang mit den Sternen existiert.

Platon (427–347 v. Chr.) war wie Pythagoras davon überzeugt, dass Zahlen genau wie Ideen selbstständige, reale Wesen sind, aber nur meditativ als solche erfasst werden können. Der Neu-Platoniker Plotin (205–270 n. Chr.) brachte es schließlich auf den Punkt: »Zahlen bestehen vor den Objekten, die durch sie beschrieben werden.« Demnach sind Zahlen Wesen, die losgelöst von materiellen Objekten existieren. Aber in welcher Form »leben« Zahlen – etwa auf einer geistigen Ebene?

Das uralte Zahlendenken der Pythagoräer lebt bis heute fort – im Christentum, aber auch im Islam. Die Pythagoräer betonten die Polarität der geraden und der ungeraden Zahlen und ordneten ihnen jeweils bestimmte Merkmale zu, wobei eine negative Sicht des Weiblichen unverkennbar ist: Gerade Zahlen gelten als negativ und werden in direkten Zusammenhang mit dem Weiblichen, dem Unendlichen und dem Bösen gebracht. Ungerade Zahlen hingegen werden positiv betrachtet und stehen für das Männliche, das Geordnete, das Ruhende und das Gute. Ähnliches Denken findet sich im Islam wieder: »Gott ist eine ungerade Zahl (einer) und liebt die ungeraden Zahlen.«

Numerologie und Christentum

Im frühen Christentum der Gnostiker lebte das alte Denken weiter. Man war der Ansicht, dass der Aufbau des Universums und die Welt der Zahlen nicht voneinander getrennt werden können. Die Manichäer, eine einst sehr bedeutende christliche Sekte, verehrten einige Zahlen als heilig. Die Zwei war in ihrem Weltbild die wichtigste Zahl, denn sie repräsentierte das Grundprinzip der Schöpfung: Zwei Gottheiten steuern das Leben. Die eine ist für das Gute und Helle, die andere für das Böse und Dunkle zuständig.

Im zweiten Jahrhundert nach Christus kam eine praktische Seite der mystischen Zahlenlehre zum Tragen: Man setzte die Zahlen von 1 bis 10 mit Buchstaben gleich und konnte so, je nach System, auf unterschiedliche Weise Buchstaben und Worte als Zahlen ausdrücken. Der christliche Kirchenlehrer Augustinus (354–430 n. Chr.) begnügte sich nicht mit derlei Verschlüsselungen. Für ihn waren Zahlen die universale göttliche Ursprache. Mithin war es die wichtigste Aufgabe des Menschen, die verborgenen Geheimnisse der Zahlen mit Hilfe des von Gott geschenkten Geistes zu offenbaren.

Damit hatte Augustinus der christlichen Numerologie zum Durchbruch verholfen. Unzählige Theologen machten sich ans Werk und durchforsteten die Schriften der Bibel nach bedeutsamen Zahlen. Isidor von Sevilla fasste die Erkenntnisse zahlreicher Bibelforscher zu einem Zahlenwörterbuch der biblischen Texte zusammen. So wurde die heidnische Zahlenmystik im Laufe der Jahrhunderte von christlichen Theologen übernommen und uminterpretiert. Aus der heiligen Drei der vorchristlichen Drei-Gottheiten machte die christliche Numerologie die göttliche Dreifaltigkeit, bestehend aus Gott dem Vater, Gott dem Sohn und dem Heiligen Geist. Und wo die Bibel keine Zahlen nennt, wurde der christliche Volksglaube aktiv und machte beispielsweise aus den in den Evangelien genannten Weisen aus dem Morgenland die Heiligen Drei Könige.

Wissenschaft und Numerologie wurden noch zu Zeiten der lutherischen Reformation ebenso wenig als Gegensätze angesehen wie Astrologie und Astronomie. Erst in der Renaissance gab es nennenswerte Anfeindungen der Numerologie. Speziell in England kam es zu heftiger Kritik an der uralten Wissenschaft. Positive numerologische Ergüsse über die Zukunft der Herrscher wurden im 16. und 17. Jahrhundert zwar wohlwollend akzeptiert, aber negative oder kritische Prophezeiungen – ob astrologisch oder numerologisch begründet – konnten dazu führen, dass ein Wahrsager ins Gefängnis wanderte.

Dennoch verschwand die Numerologie keineswegs aus dem Bewusstsein der Menschen. Vielmehr trat ein »Nebenzweig« der Numerologie wieder verstärkt ins Rampenlicht der öffentlichen Aufmerksamkeit.

Die Zahlenmystik der Kabbala

Gegen Ende des 13. Jahrhunderts, vermutlich um 1290, verfasste der spanische Jude Moses bar Shem Tov de León aus Guadaljara ein geheimnisvolles Werk mit dem Titel *Sfer ha-Sohar* (Buch des Glanzes). Es geht angeblich auf ein weit älteres Buch zurück, welches Simeon ben Joachai, ein Gelehrter aus dem zweiten Jahrhundert, verfasst haben soll. De León, ein Theologe von durchaus gutem Ruf, will jenes uralte Schriftstück selbst in einer Höhle in Palästina gefunden haben. Ob diese Version der Geschichte stimmt, sei dahingestellt. Man kann aber wohl davon ausgehen, dass es im »Alten

Israel« so etwas wie einen Geheimkult gegeben hat, dessen mächtige und angesehene Vertreter bestens mit den Mysterien der biblischen Schriften vertraut waren.

Vermutlich gab es so in dieser Kultgemeinschaft etwas wie eine Hierarchie: Je höher man stieg, desto tiefer wurde man in die Geheimnisse eingeweiht. Je höher der Rang, desto mehr Schlüssel standen dem jeweiligen Mitglied der Gemeinschaft zur Verfügung. Zu diesen »Schlüsseln« gehörten offenbar auch numerologische Kenntnisse, welche die Wahrheit zugänglich machen sollten, die sich kodiert hinter Worten und Namen verbirgt. Die wichtigsten Mysterien jenes uralten Kults, von dem niemand weiß, wann er entstand, wurden in den nur Eingeweihten zugänglichen Werken der so genannten »Kabbala« schriftlich niedergelegt.

Professor Dr. Alfred Lehmann, Direktor des psychophysischen Laboratoriums der Universität Kopenhagen (1858 bis 1921), versuchte den Ursprung der Kabbala wissenschaftlich exakt zu eruieren. Als seine Versuche, historisch nachweisbare Fakten in Form einer Literaturgeschichte zusammenzutragen, allesamt gescheitert waren, musste der Gelehrte resigniert feststellen: »Über allem, was die Kabbala betrifft, das heißt über Ursprung, Alter und Bedeutung, ruht ein dichter geheimnisvoller Schleier. Wohl ist es der modernen Kritik gelungen, denselben an manchen Stellen zu lüften; aber noch sind nur wenige Rätsel gelöst.«

Die Kabbala stellt den ewigen Kreislauf des Seins und das gesamte kosmische Geschehen in einem einzigen Modell dar, dem Lebensbaum.

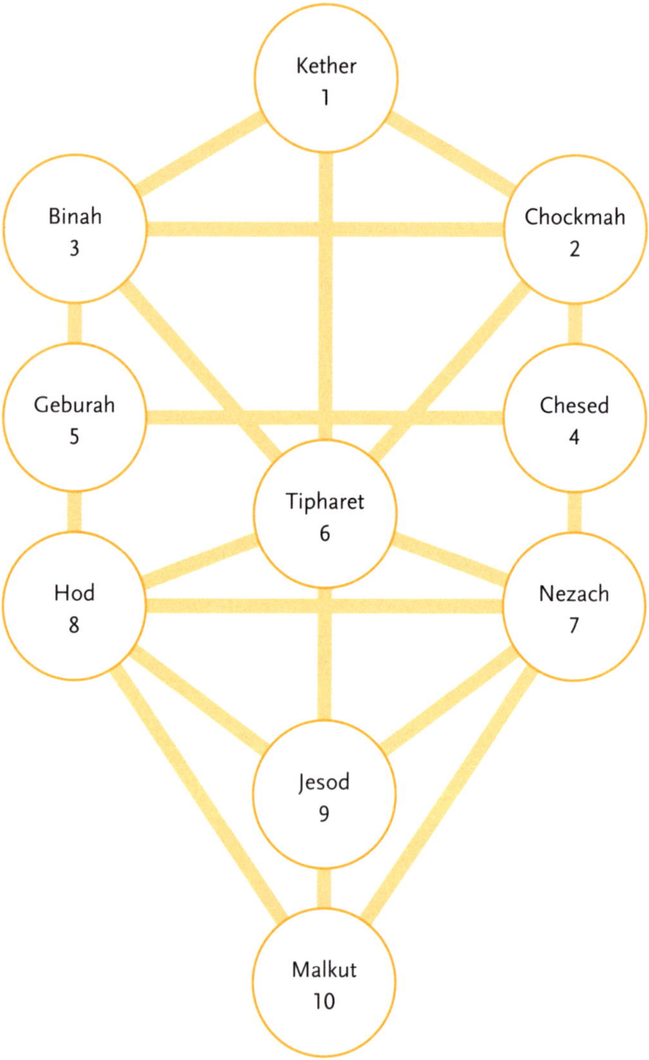
Kether
1
Binah
3
Chockmah
2
Geburah
5
Chesed
4
Tipharet
6
Hod
8
Nezach
7
Jesod
9
Malkut
10

Der Lebensbaum besteht aus zehn Sphären, die durch Pfade miteinander verbunden sind. Über diese Sphären und Pfade steigt das Göttliche zur Erde und manifestiert sich im Menschen als Seele. Die Seele muss zwangsläufig den umgekehrten Weg nehmen, wenn sie wieder in die göttlichen Sphären heimkehren will, und das ist viel schwieriger und mühevoller.

Am »Anfang« ist die Seele des Menschen körperloses göttliches Licht. Dann sinkt sie aus der höchsten Sphäre nach unten, und je weiter sie fällt, desto physischer wird sie. Während sie die unterschiedlichen Sphären passiert, nimmt sie nach und nach Eigenschaften dieser Sphären in sich auf. Den physischen Leib erhält der vollendete Mensch dann auf der Erde. Die Rückkehr ins Licht, nach der sich der Mensch von der Sekunde seiner irdischen Geburt an sehnt, ist hingegen alles andere als leicht. Mühsam kämpft sich der Mensch nach seinem physischen Tod wieder nach oben, wobei er wieder Sphäre um Sphäre überwinden muss.

Wenn wir die Rückreise des Menschen nach seinem Tod nachvollziehen wollen, müssen wir uns in Gedanken von der niedrigsten Sphäre (Malkut) zur höchsten (Kether) bewegen.

Sphäre 10, Malkut – Königreich: Hier, im irdischen Königreich, lebt und stirbt der Mensch. Malkut wird in bildhaften Darstellungen gern als Sphinx gezeigt, als physischer Körper, bestehend aus Himmlischem und Irdischem.

Sphäre 9, Jesod – Fundament: Neun ist die symbolische Zahl der Magie. Neun galt auch als die Zahl der Einweihung in okkulte Praktiken. Hier ist die Welt der Zauberei beheimatet. Sie liegt im Spannungsfeld zwischen Pracht (Hod) und Festigkeit (Nezach). In der physischen Welt entspricht der Elefant der Jesod-Sphäre. Das geduldige Rüsseltier gilt in der Kabbala als stark und intelligent zugleich.

Sphäre 8, Hod – Pracht, wird als weibliche Kraft gesehen. Sie ist zuständig für den menschlichen Geist. Darunter versteht der Kabbalist logisches Denken, aber auch intuitives Verständnis. Hod gilt als weise und klug, aber auch hinterlistig und verschlagen, als gut und böse. In der Astrologie wird Hod mit Merkur gleichgesetzt.

Sphäre 7, Nezach – Festigkeit, stellt die männliche Potenz in der Natur dar. Diese Sphäre symbolisiert die körperliche Liebe, die Leidenschaft und wird in der Astrologie mit Venus gleichgesetzt.

Sphäre 6, Tipharet – Schönheit, steht für die Sonne. Sie ist um einen Ausgleich bemüht, und zwar zwischen den einander bekämpfenden Kräften Gerechtigkeit und Liebe. Tipharet wird unterschiedlich dargestellt, gelegentlich auch als »geopfertes Kind«. Deshalb wird sie in einer christlichen Auslegung der Kabbala manchmal als Jesus gesehen, der zwischen dem gerechten Zorn des Alten Testaments und der Liebe des Neuen Testaments zu vermitteln sucht. Altes magisches Denken war wohl so stark in den Köpfen der Menschen verankert, dass die christlichen Missionare es nicht verdrängen konnten. Also wurde es neu interpretiert. Aber auch die »christliche« Kabbala ist die alte Kabbala, nur dass man ihr da und dort ein christliches Feigenblatt vorgehängt hat.

Sphäre 5, Geburah – Stärke, entspricht astrologisch dem Mars. Geburah, der Männliche, wird als Ursprung allen Bösen gesehen. Auf irdische Verhältnisse übertragen ist Geburah der kraftstrotzende Soldat im Furcht einflößenden Streitwagen. Dem gewissenlosen Söldner stellt sich in der Welt der Kabbala Chesed entgegen.

Sphäre 4, Chesed – Liebe, ist das positive Gegenstück zu Geburah. Chesed, die Weibliche, ordnet das Chaotische, auch mit den Kräften der Magie. Ihr Zeichen ist in der jüdischen Kabbala der Zauberstab, der in der christlichen »Kabbala« zum Bischofstab wurde.

Sphäre 3, Binah – Intelligenz: In bildlichen Darstellungen wird Binah gern als mütterlich reife Frau gezeigt. Sie gilt als Mutter des Universums. Diese mystische Frauengestalt ist Jahrtausende älter als die Kabbala. Schon in Ägypten wurde sie lange vor den Pharaonen als heilige Urmutter in unterirdischen Höhlen angebetet.

Sphäre 2, Chockmah – Weisheit, wird als greiser Mann dargestellt. Sein Bild entspricht am ehesten der kindlich-naiven Vorstellung vom »lieben Gott«, jenem betulichen Großvater. Keine andere Sphäre bekommt so viel vom göttlichen

Licht ab. So wundert es nicht, dass auf jener Sphäre die Weisheit beheimatet sein soll.

SPHÄRE 1, KETHER – KRONE, ist das Ziel der Seele. Hier, in der höchsten Sphäre, vereinigt sich die Seele nach langer, anstrengender Reise endlich wieder mit Gott. Zum letzten Mal müssen Engel überwunden werden, die jeden Besuch aus tieferen, niedrigeren Gefilden abwimmeln wollen.

Vom Namen zum Geheimnis der Zahl

Die zehn Sphären am Lebensbaum sind durch 22 Pfade miteinander verbunden, die mit den 22 Buchstaben des hebräischen Alphabets in Verbindung gebracht werden. Und daraus wurde wiederum ein einfaches System abgeleitet, das es erlaubt, Buchstaben mit Zahlen gleichzusetzen:

BUCHSTABEN	ZAHL
A, J, S	1
B, K, T	2
C, L, U	3
D, M, V	4
E, N, W	5
F, O, X	6
G, P, Y	7

Buchstaben	Zahl
H, Q, Z	8
I, R	9

Ä = AE, Ö = OE, Ü = UE
(Ä = 1 + 5 = 6, Ö = 6 + 5 = 11, Ü = 3 + 5 = 8)

Nach dieser einfachen Tabelle kann man jedes Wort und natürlich auch jeden Namen in Zahlen umsetzen. Probieren Sie es doch einfach aus. Schreiben Sie zunächst Ihren Namen auf. Als Frau wählen Sie Ihren Geburtsnamen. Übertragen Sie jeden Buchstaben in eine Zahl. Dann zählen Sie die Zahlen Ihres Namens zusammen und bilden die einstellige Quersumme.

Ein Beispiel: Albert Einstein ergibt: 1 + 3 + 2 + 5 + 9 + 2 = 22 für Albert und 5 + 9 + 5 + 1 + 2 + 5 + 9 + 5 = 41 für Einstein. Albert Einstein lässt sich nach der Kabbala so darstellen 22 41. Addieren Sie die Zahlen und bilden Sie die Quersumme: 22 + 41 = 63. Die Quersumme ist 6 + 3 = 9. Die Neun ist demnach die Persönlichkeitszahl Albert Einsteins.

Jeder Persönlichkeitszahl ordnet die Kabbala ein bestimmtes Persönlichkeitsbild zu. Verkürzt dargestellt (der Übersichtlichkeit zuliebe) ergibt dies folgende neun Gruppen:

Persönlichkeitszahl 1 – Stärke

Menschen mit der Persönlichkeitszahl 1 haben das Zeug zur Führungspersönlichkeit. Sie können gut befehlen und anderen Aufgaben zuweisen. Widerspruch ist nicht erwünscht. Sie sind – nach außen hin – stark, zu ihrem Wesen gehört aber auch eine gehörige Portion Unsicherheit. Schwäche zeigen sie höchst ungern. Lieber betonen sie demonstrativ ihre Entschlussfreudigkeit, obwohl sie manchmal zaghafter sind, als sie selbst wissen – und als ihnen lieb ist.

Einser erwarten Anerkennung und Bestätigung, und wenn sie diese bekommen, sind sie auch gern großzügig und umgänglich. Zu gereizten Reaktionen kann es kommen, wenn sie statt Akzeptanz Kritik und Zweifel erfahren. Manche Menschen mit dieser Persönlichkeitszahl ziehen sich dann sofort ins eigene Schneckenhaus zurück und sind beleidigt.

Eine echte Stärke dieser kraftvollen Menschen ist ihre schöpferische Kreativität. Doch Vorsicht vor übereilten Entschlüssen! Im Extremfall wird ein unrealistischer Plan bis zum bitteren Ende umgesetzt. Gelegentlich werden Übertreibungen mit Konsequenz verwechselt.

Persönlichkeitszahl 2 – Harmonie

Menschen mit dieser Persönlichkeitszahl brauchen Harmonie und können sich gut für ein friedliches Miteinander in der Gruppe einsetzen. Ihren Freunden gegenüber sind Zweier loyal. Das gilt auch im Beruflichen. Risiken werden eher gemieden und Dominanz über andere ist nicht ihr wichtigstes Lebensziel. Doch manchmal übertreiben sie es mit ihrer Zurückhaltung, etwa wenn es um ihr eigenes Vorankommen geht. Vorsicht: Aus Angst vor vermeintlichen Dissonanzen dürfen die eigenen Rechte nicht aufgegeben werden.

Die manchmal übertriebene Sehnsucht der Zweier, mit jedem Mitmenschen unter allen Umständen in bestem Einvernehmen zu leben, führt nicht immer nur zu positiven Ergebnissen. Schnell gilt ein typischer Zweier dann als Freund aller, wird aber wegen seiner fehlenden Konturen nicht wirklich geschätzt. Also: Weniger auf Anpassung als auf die eigenen Fähigkeiten setzen. Mut zur Fantasie haben! Sich nicht in Kleinigkeiten verzetteln, sondern die eigenen Ziele optimistischer, bewusster und zielstrebiger verfolgen.

Persönlichkeitszahl 3 – Vielfalt

Menschen mit der Persönlichkeitszahl 3 haben das Talent, sich voller Elan mehreren Aufgaben gleichzeitig zu widmen. Sie bürden sich gern zu viel auf, genießen es aber, als Tausendsassa geschätzt zu werden. Sie sind sehr einfallsreich und ganz und gar nicht auf traditionelles Denken fixiert. Mit ihrer Fantasie können sie durchaus künstlerisch erfolgreich sein. Doch bei aller Vielfalt sollten sie lernen, sich konzentrierter auch solchen Aufgaben zu widmen, die der echte Dreier als langweilig empfindet. Gewiss, sie können sich einen guten Überblick verschaffen, verlieren dabei aber nur zu oft die Details aus den Augen. Im Gefühlsleben können scheinbar unwichtige Details aber durchaus über das Gelingen einer Partnerschaft entscheiden.

So wie die Dreier gern zu viele Pläne gleichzeitig angehen, übertreiben sie überhaupt gern, und manchmal überschätzen sie ihre eigenen Kräfte. Dann kann aus guter Laune aufdringlich und plump wirkende Kumpelhaftigkeit werden und aus einer netten Partystimmung alberne Grobheit entstehen. Zuneigung geben und empfangen, das ist für Menschen mit der Persönlichkeitszahl 3 sehr wichtig.

Persönlichkeitszahl 4 – Verlässlichkeit

Mitglieder dieser Gruppe haben vielleicht nicht so viel Fantasie wie Menschen mit der Persönlichkeitszahl 3. Dafür sind sie gründlicher und konstanter. Sie nehmen sich etwas vor und führen es mit Geduld verlässlich aus. Sie verzetteln sich nicht, sondern beschränken sich auf die Erledigung einer Aufgabe. Wenn der Ordnungssinn mehr als Mittel zum Zweck und weniger als Lebensziel gesehen wird, bringt das wirklich große Erfolge.

Ehrlichkeit ist den Vierern sehr wichtig. Im Extremfall stoßen sie ihre Mitmenschen mit an Taktlosigkeit grenzender Offenheit vor den Kopf und verletzen damit nicht selten die Gefühle auch ihrer besten Freunde. Manchmal wäre etwas mehr diplomatisches Fingerspitzengefühl durchaus hilfreich.

Ein anderer, ebenfalls weniger erfreulicher Aspekt ihrer Verlässlichkeit ist eine negative Tendenz zur Sturheit und Unbelehrbarkeit. Auch der durchaus begrüßenswerte Gerechtigkeitssinn kann manchmal ziemlich übertrieben werden. Zuverlässige Detailgenauigkeit ist die eine Seite der Medaille, verdrießende Pedanterie die andere.

Menschen mit dieser Persönlichkeitszahl hat man gern als Freunde, denn man kann auf ihre Solidarität bauen. Allerdings muss man von ihnen auch immer wieder ein gehöriges Maß an Eigensinn und Selbstgerechtigkeit hinnehmen.

Persönlichkeitszahl 5 – Charme

Fünfer haben einen Charme, mit dem sie fast jeden Mitmenschen »um den Finger wickeln« können. Dazu kommen Intelligenz und ein schneller, beweglicher Geist. Anders als Vierer empfinden Fünfer neue Aufgaben auf fremdem Terrain als reizvoll. Sie gehen auch das Unbekannte sorgsam planend an und haben keine Angst vor neuen Ideen. Manchmal schießt ihr wagemutiger Verstand allerdings übers Ziel hinaus. Dann könnte etwas mehr Disziplin nicht schaden.

Die große Anpassungsfähigkeit der Fünfer sorgt dafür, dass selbst völlig unerwartete Situationen nicht zum unlösbaren Problem für sie werden. Im privaten Umfeld neigen manche Menschen mit dieser Persönlichkeitszahl dazu, sich im negativen Sinne »anzupassen« und anderen nach dem Mund zu reden – um des lieben Friedens willen. Was sich manchmal als sympathische Spontaneität zeigt, tritt gelegentlich auch als unbedarfte Unbesonnenheit auf.

Der Verstand ist wach, sollte aber auch zum Lernen genutzt werden. Der Intellekt ist scharf und macht es möglich, vielseitigen Interessen nachzugehen.

Persönlichkeitszahl 6 – Familiensinn

Einem echten Vertreter dieser Gruppe ist die Familie heilig. In der Familie, im Freundeskreis und in jeder Gemeinschaft versucht er, Streit erst gar nicht aufkommen zu lassen. Hilfsbereitschaft wird geübt, aber manchmal auch übertrieben.

Im Beruf wie im Privatleben hat Sicherheit erste Priorität. In einer Partnerschaft übernimmt der Sechser gern die Führung, heimlich oder offen, aber nicht aus Herrschsucht, sondern aus dem Gefühl heraus, so etwas für ein gutes Miteinander zu tun. Selbstherrlichkeit und Selbstüberschätzung gehören nicht zu seinen typischen Wesenszügen. Fehler passieren – und werden offen eingestanden. Allerdings ärgert sich der Sechser sehr über eigene Irrtümer, denn eigentlich will er alles perfekt machen.

Prinzipientreue zeichnet den echten Vertreter dieser Gruppe in positiver Weise aus. Prinzipienreiterei mit einem Schuss Intoleranz Andersdenkenden gegenüber gehört jedoch zu seinen unangenehmen Seiten, über die er sich klar sein sollte. Er kann sich ändern, besonders wenn er aus seinem näheren Umfeld liebevolle Hilfe bekommt.

Persönlichkeitszahl 7 – Unergründlichkeit

Menschen mit der Persönlichkeitszahl 7 wirken manchmal unergründlich, weil man sie kaum einschätzen kann. Werden sie von präziser Genauigkeit angetrieben? Oder peinigen sie ihre Mitmenschen mit Pedanterie? Sind sie auch in schwierigen Krisenzeiten in der Lage, einen kühlen Kopf zu bewahren? Oder sind sie einfach gefühlsarme Phlegmatiker? Können sie neben der Stimme der Vernunft auch die der Intuition hören? Oder ziehen sie sich humorlos in sich zurück, ohne ihre Mitmenschen erkennen zu lassen, was in ihnen vorgeht? Sind sie stille, aber gute Beobachter, denen nichts entgeht? Oder sind sie gleichgültige Zeitgenossen, die kein Mitgefühl kennen? Sind sie analytische Denker oder weltfremde Träumer? Sind sie hochintelligent oder gefühlskalt?

Sind sie Idealisten oder stellen sie einfach zu hohe Anforderungen an andere?

Echte Siebener sind oft sehr schwer einzuschätzen. Sie sind eher stille, tiefe Wasser. Wenn sie besser im gesellschaftlichen Miteinander zurechtkommen wollen, sollten sie ihre warmherzige Seite offener zeigen – genau wie ihre vielfältigen Talente. Dann werden ihnen die Mitmenschen viel freundlicher begegnen – und das ist es, was sie zum wirklichen Glücklichsein brauchen.

Persönlichkeitszahl 8 – Produktivität

Produktivität ist für Menschen mit der Persönlichkeitszahl 8 von zentraler Bedeutung. Um erfolgreich zu sein – ebenso im Beruf wie im Privatleben – treten sie gelegentlich geradezu diktatorisch auf. Dabei liegt ihnen nichts an äußerer Macht. Sie wollen einfach nur effektiv sein und vorzeigbare Ergebnisse erzielen.

Gerade in unserer oft oberflächlichen Zeit werden diese Menschen gern als erfolgsorientierte Arbeitstiere angesehen. Dabei sind sie sehr wohl auch echte Idealisten – und als solche gern bereit, ihre ganze Kraft zum Wohle anderer einzusetzen.

Ein großer Teil ihres Erfolgs basiert auf dem Elan, mit dem sie ans Werk gehen. In solchem Galopp kann es schon mal zu Pannen kommen, die bei bedächtigerem Vorgehen hätten vermieden werden können. Manchmal ist es hilfreich für Menschen mit der Persönlichkeitszahl 8, ein wenig mehr Selbstbeherrschung zu üben.

Persönlichkeitszahl 9 – Vielseitigkeit

Menschen mit der Persönlichkeitszahl 9 sind echte Multitalente. Mit Logik und Intuition erfassen sie Situationen schnell und reagieren sofort. Vor ihnen kann man kaum etwas verbergen. Sie verstehen Mitmenschen und ihre Anliegen, weil das innerste Wesen eines Menschen für sie wie ein offenes Buch ist. Sie können auf jeden Menschen individuell eingehen und legen dabei oft Wesensmerkmale an den Tag, die eigentlich für andere Persönlichkeitszahlen typisch sind.

Ihre Weitsicht macht es Ihnen möglich, umfassend zu planen. Allerdings verlieren sie, während sie sich mit komplexen Problemen und langfristiger Zukunftsplanung beschäftigen, oft das Jetzt aus dem Blickfeld. Sie können große Zukunftsvisionen entwickeln – und darüber den Einkauf fürs Abendessen vergessen. Manche Neuner sind ein wenig weltfremd und naiv. Emotionale Anerkennung ist ihnen oft wichtiger als materielles Gewinnstreben.

Logik und Emotion sind bei echten Neunern keine Gegensätze, sondern Teile ihrer vielschichtigen Persönlichkeit.

Was verrät die Geburtszahl?

Nachdem Sie Ihren Namen in Ihre Persönlichkeitszahl verwandelt haben, können Sie nun noch Ihre Geburtszahl ermitteln. Bleiben wir bei unserem Beispiel: Albert Einstein. Aus seinem Namen haben wir die Persönlichkeitszahl 9 ermittelt. Nun berechnen wir seine Geburtszahl. Albert Einstein wurde am 14. März 1879 geboren, also am 14. 3. 1879. Daraus ergibt sich seine Geburtszahl wie folgt:

$$1 + 4 + 3 + 1 + 8 + 7 + 9 = 33 = 6.$$

Jetzt lesen Sie bei den Persönlichkeitszahlen unter 6 nach. Geburtszahl (bei Albert Einstein die 6) und Persönlichkeitszahl (bei Einstein die 9) ergänzen einander in ihren Aussagen.

Die Esoterikerin Dion Fortune schrieb vor rund einem halben Jahrhundert:

»Es gibt in der Geschichte der Menschheit Zeiten, zu denen das innere Leben an die Oberfläche tritt und seinen Ausdruck findet, und aus diesen Rissen im Schleier ergießt sich das Licht aus dem inneren Heiligtum.«

Vielen Geheimwissenschaftlern haben die Zahlen Zugang zu verborgenem Wissen verschafft. Auch Sie sind nun im Besitz einiger Werkzeuge, mit deren Hilfe Sie ergründen können, was die Zahlen über Sie aussagen. Probieren Sie sie aus. Wandeln Sie Ihren Namen und Ihr Geburtsdatum in Zahlen um. Was können Sie über sich lernen? Wo können Sie Ihr Verhalten ändern? Welche negativen »Eigenschaften« können Sie ausbügeln, welche positiven verstärken?

Blutgruppe und Stirnlinien – der Körper als Orakel

Die japanische Erfolgsmethode mit der Blutgruppe

Der japanische Psychologe Takeji Furukawa stellte 1934 eine Form des Wahrsagens vor, die auf einer ungewöhnlich anmutenden Entsprechung basiert – zwischen der Blutgruppe eines Menschen und seinen wichtigen Eigenschaften. Jahrzehnte später wurde diese Methode wiederentdeckt und erfreut sich seitdem recht großer Beliebtheit. Nicht nur zahlreiche japanische Firmenchefs, sondern auch Heiratsinstitute verlangen von Bewerbern die Angabe ihrer Blutgruppe.

BLUTGRUPPE A: Stress und psychische Belastung bringen Menschen mit der Blutgruppe A nicht aus dem Gleichgewicht. Ihr gelebter Perfektionismus bietet echte Chancen im Berufsleben. Im Privatleben erwarten sie aber häufig zu viel von ihren Partnern und das persönliche Glück kommt leicht zu kurz. Berufliches Weiterkommen steht häufig im Vordergrund.

BLUTGRUPPE B: Menschen mit dieser Blutgruppe neigen dazu, ihren weichen Kern in einer harten Schale zu verstecken. Ihr ausgeprägtes Selbstbewusstsein ist eine zweischneidige Angelegenheit. Sich selbst und anderen gegenüber kann der B-Typ sehr hart sein. Sein Ideal: Der Mensch muss funktionieren wie eine gut geölte Maschine. Es besteht eine Neigung zur Intoleranz. Im Privatleben tendiert er zur Eifersucht.

Blutgruppe AB: AB-Typen sind oft von starken Gefühlen geprägt, die ihr ganzes Leben bestimmen. Unter ihnen findet man viele, die sich einen unglaublich feinen und verlässlichen Instinkt bewahrt haben. Instinkt- und Gefühlsmenschen sind nicht immer leicht einzuschätzen, was oft als Unzuverlässigkeit gewertet wird. Was nach außen manchmal unstet oder inkonsequent wirkt, kann aber auch positiv bewertet werden. AB-Typen sind nicht stur auf eine Meinung fixiert. Sie sind durchaus bereit, sich neue Argumente anzuhören und neue Umstände schnell in ihr Kalkül einzubeziehen.

Blutgruppe 0: Ähnlichkeiten mit dem AB-Typen fallen auf. Die Gefühle sind oft sehr intensiv und werden gern ausgelebt. Andererseits lassen sich Menschen mit der Blutgruppe 0 keineswegs nur von Emotionen leiten. Sie sind kontaktfreudig und können schnelle Erfolge verbuchen – im Beruf wie im Privaten. Das ruft nicht selten Neider auf den Plan. Doch da sie die Kunst der Überredung beherrschen, schaffen sie es in der Regel schnell, eingeschworene Gegner für sich zu gewinnen. Vernunft spielt in ihrem Leben eine große Rolle. Gelegentlich überwiegt die Logik sogar.

Was Ihnen auf der Stirn geschrieben steht

Im 16. Jahrhundert wurde in Zentraleuropa eine esoterische Deutung der Stirnlinien bekannt: die Metoposkopie. Der Metoposkop geht davon aus, dass ein Mensch maximal sieben parallel zueinander verlaufende, waagrechte Linien auf der Stirn hat, die am besten sichtbar werden, wenn die Stirn bewusst in Falten gelegt wird. Mit seiner Interpretation beginnt er bei der höchsten Linie und arbeitet sich dann immer weiter nach unten.

Zunächst überprüft der Metoposkop, ob alle sieben Linien vorhanden sind. Dafür unterteilt er die Stirn in sieben gleiche Segmente.

Im obersten Segment liegt die SATURNLINIE. Eine häufig unterbrochene Saturnlinie weist auf ein unstetes, unruhiges Leben hin, eine fehlende auf Unfallgefahr, weil der betreffende Mensch zum Leichtsinn neigt.

Die zweite Linie von oben ist die JUPITERLINIE. Sie hat ihre Entsprechung in den Verstandeskräften des Menschen. Ist sie stark und klar, so spricht dies für einen Verstandesmenschen, der gut zu rechnen versteht und mit Geld umzugehen weiß. Eine unstete Jupiterlinie, die immer wieder abbricht und sich nach Lücken wieder fortsetzt, weist auf einen Menschen hin, der sein Leben mehr nach den Gesetzen der Vernunft ausrichten sollte.

Die dritte Linie ist dem MARS geweiht. Je ausgeprägter sie ist, desto kühner sind die Entschlüsse des Menschen, dessen große Stärke in der Tatkraft liegt. Je schwächer die Marslinie ist, desto wankelmütiger ist der Mensch. Das muss aber nicht so bleiben. Hinweise auf Verhaltensweisen, die auf der Stirn geschrieben stehen, können sehr wohl zum Anlass genommen werden zu überdenken, ob man seine Gewohnheiten nicht zum eigenen Vorteil ändern sollte.

Die vierte Linie ist nach der SONNE benannt. Sie kennzeichnet den Genussmenschen, der die schönen und angenehmen Seiten des Lebens zu schätzen weiß und in jeder Hinsicht großzügig ist. Eine schwach ausgeprägte Sonnenlinie lässt auf eine Neigung zum Geiz schließen. Das ist zwar nicht die ideale Voraussetzung für sprühende Lebensfreude, aber jeder Mensch kann über seinen Schatten springen und auch einmal spendabel sein. Hinweis: Fältchen, die im Bereich der Sonnenlinie Dreiecke oder Vierecke bilden, gelten als besonders günstiges Omen für Glück, das dem Menschen immer wieder zufällt.

Die fünfte Linie, die der VENUS, verrät viel über Liebesdinge. Wenn sie fehlt oder nur schwach ausgeprägt ist, dann deutet dies auf einen Menschen hin, der im Leben durchaus erfolgreich sein kann. Aber ist er auch glücklich? Oder bewertet er Nüchternheit und Sachverstand zu hoch? Warum lässt er seinen Gefühlen nicht mehr Freiraum? Eine dicke, kräftige Venuslinie drückt das Gegenteil aus: Bei diesem Menschen steht das Gefühl im Mittelpunkt. Treu ist er aber nicht unbedingt.

Die sechste Linie ist nach MERKUR benannt. Sie steht, so sie ausgeprägt vorhanden ist, für Fantasie und Vorstellungskraft. Der »Erbsenzähler« schätzt knochentrockene Zahlen mehr als das pralle Leben. Bei ihm ist diese Linie allenfalls schwach ausgebildet.

Die siebte Linie – gelegentlich nach dem MOND benannt – liegt im untersten Segment, direkt über der Nasenwurzel. Sie ist die negative Gefühlslinie, beispielsweise für Schwermut und trübe Gedanken. Ihr Fehlen darf als positives Zeichen gewertet werden. Der Mensch ist dann eher frohen Gemüts und nicht depressiv. Er neigt manchmal ein wenig zu Leichtsinn und ist in Sachen Liebe eher unbeschwert als übertrieben nachdenklich.

Chiromantie – die Zukunft aus der Hand lesen

Schon den frühen Forschern muss es aufgefallen sein: Jeder Mensch hat ganz individuelle Linien in den Händen, so wie das Leben eines jeden Menschen ganz individuell verläuft. Nikolaus Krebs von Kues (1401–1464), einer der bedeutendsten Wissenschaftler und Theologen des Mittelalters, schrieb: »In allen Teilen spiegelt sich das Ganze, da der Teil ein Teil des Ganzen ist. So spiegelt sich der ganze Mensch in der Hand.« Gibt es eine Entsprechung, einen Zusammenhang zwischen den Linien in der Hand eines Menschen und seinem Lebensverlauf? Kann man von den Linien auf das Leben schließen? Solche Fragen begründeten die Chiromantie, die Kunst des Handlesens. Das erste gedruckte Buch über Chiromantie, 1448 von dem Schriftsteller und Gelehrten Johannes Hartlieb verfasst, erschien um 1480 in Augsburg, und zwar unter dem Titel »Buch von der Hand«.

Schon Jahrtausende zuvor hatten die Chinesen, aber auch die Inder versucht, Beziehungen zwischen den Linien in der Hand eines Menschen und seiner konkreten Zukunft herzustellen. Im Laufe der Zeit wurde eine Art Code entdeckt, der es dem Kundigen erlaubt, etwas über einen Menschen wahrzusagen. Zwei unterschiedliche Vorgehensweisen haben sich entwickelt: Die einen übersetzen die Handlinien wie eine Sprache in eine andere. Die anderen versetzen sich, während sie die Hände eines Menschen studieren, in eine Art Trance und erkennen rein intuitiv Erstaunliches.

Wenn Sie die Kunst des Wahrsagens ernsthaft studieren, werden Sie eine – für Sie vielleicht erstaunliche – Entdeckung machen:

Wahrsagen gestattet Ihnen einen Blick auf eine mögliche Zukunft, ist aber mindestens im gleichen Umfang eine Auseinandersetzung mit dem Gegenwärtigen, mit dem eigenen Ich.

Je intensiver Sie sich damit beschäftigen, desto stärker rückt Ihr gesamtes Ich mit all seinen positiven, kritischen und verborgenen Aspekten ins Zentrum Ihrer Aufmerksamkeit. Und die wohl persönlichste Art des Wahrsagens ist die Chiromantie, das Lesen aus der Hand. Indem Sie sich mit den Linien und Zeichen in Ihrer Hand beschäftigen, schenken Sie sich selbst Zeit für eine Reise ins Ich …

Eine Reise ins Ich mit der Hand als Landkarte

Legen Sie Ihre rechte Hand flach auf eine ebene Unterlage. Spreizen Sie den Daumen leicht ab; halten Sie ihn bequem, ohne Spannung, ganz locker. Daumen und Zeigefinger berühren sich nicht. Üben Sie keinen Druck aus. Die Hand kann leicht gewölbt sein. Sie wissen selbst am besten, welche

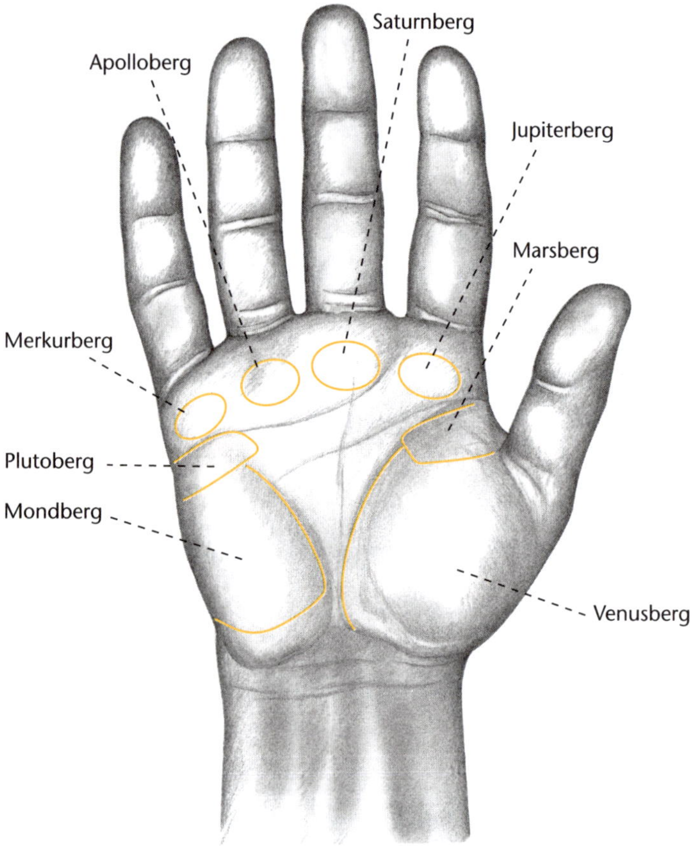

Haltung Ihnen am angenehmsten ist. Wichtig ist, dass Sie sich dabei wohl fühlen.

Ihre Hand ist wie eine Landkarte. Auf Anhieb erkennen Sie Berge, Täler und Verkehrswege. Wenden Sie sich zunächst den Bergen zu.

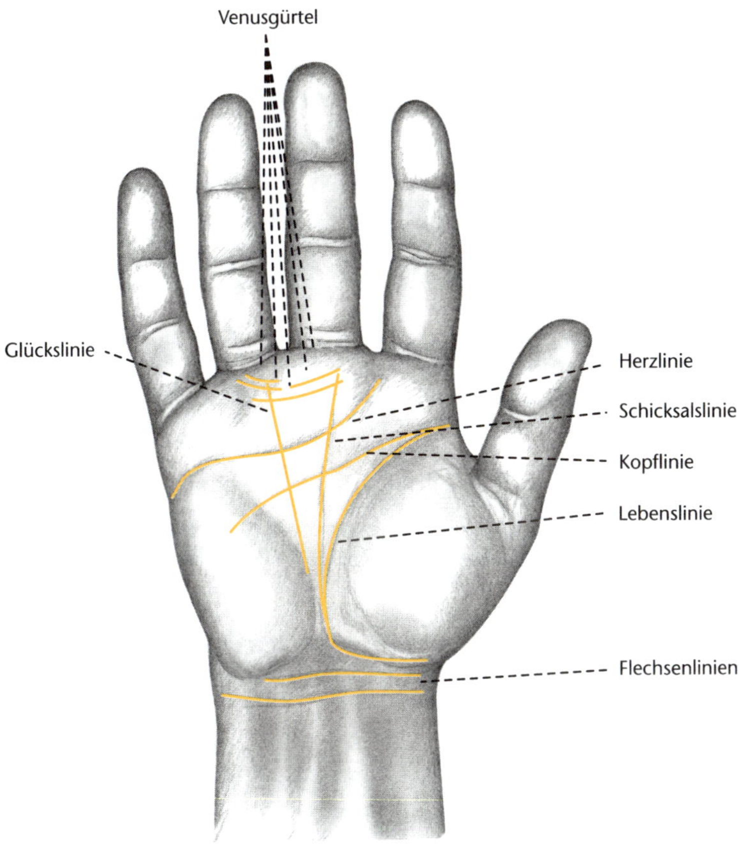

Der Venusberg liegt auf dem Handballen zwischen Daumen, Handmitte und Handgelenk. Je ausgeprägter er ist, desto warmherziger und liebevoller ist der Mensch. Er lebt gern kraftvoll und gibt sein Geld lieber aus, als es auf dem Sparkonto anzuhäufen. Offene Menschen schätzt er besonders. Ein großer Venusberg wirft die Frage auf, wie es denn um den Takt im Umgang mit Menschen bestellt ist. Manchmal wäre ein Mehr an Vorsicht und Selbstdisziplin hilfreich.

Der Jupiterberg liegt direkt unter dem Zeigefinger. Ein großer Jupiterberg weist auf große Wissbegierde und viel Sinn für Gerechtigkeit hin. Ordnung ist wichtig für diesen Menschen, der dank seines Charismas andere Menschen gut führen kann. Manchmal schlägt der positive Ordnungssinn aber auch in kleinliche Pedanterie um. Vorsicht: Es besteht eine gehörige Neigung, sich selbst zu überschätzen und mit eigenen Errungenschaften zu prahlen. Ein kleiner Jupiterberg spricht für den kleinen Genießer, ein großer für eine Neigung zur Genusssucht.

Der Saturnberg, an der Wurzel des Mittelfingers, kennzeichnet – wenn er groß ausfällt – den intelligenten, besonnenen Menschen. Er ist eher genügsam, kann gut mit Geld umgehen und legt für schlechte Zeiten eine beruhigend hohe Summe aufs Sparbuch. Sein ruhiges Wesen wirkt anziehend auf viele Mitmenschen – wenn es nicht in Eigenbrötlerei, verbunden mit Gereiztheit und launischen Allüren, ausartet.

Der Apolloberg liegt unterhalb des Ringfingeransatzes. Wenn er ausgeprägt ist, weist er auf einen intelligenten Menschen hin, der für alles Neue aufgeschlossen ist. Sein Charme macht ihn beliebt. Sein Wagemut bringt ihm Bewunderung ein. Er lässt sich gern bewundern – und bewundert gern andere. Er beeindruckt gern, verausgabt sich dabei aber manchmal. Er hat eine künstlerische Ader, die er privat und im Beruf ausleben möchte.

DER MERKURBERG liegt an der Wurzel des kleinen Fingers. Er weist, je nachdem, wie ausgeprägt er ist, auf den geschickten Praktiker hin. Ein großer Merkurberg lässt auf einen starken Intellekt und ein weniger ausgeprägtes Gefühlsleben schließen. Das führt dann zu einem »geschickten Händchen« in geschäftlichen Angelegenheiten. Im negativen Fall kann eine Tendenz zur Überbewertung des Finanziellen vorliegen. Dann dominiert der Erwerb materieller Güter manchmal das ganze Leben und überschattet andere positive Eigenschaften.

DER MONDBERG liegt gegenüber dem Venusberg am anderen Handrand. Er lässt Fantasie vermuten. Während andere ihr Glück in einem »dicken« Bankkonto suchen, liebt der Mensch mit einem ausgeprägten Mondberg seine schönen Träume – und sein Privatleben. Reisen bedeuten ihm viel. Auf seine Mitmenschen wirkt er manchmal unberechenbar und sprunghaft, aber er stellt selten übertriebene Ansprüche. Geheimwissenschaften ziehen ihn magisch an.

DER MARSBERG liegt zwischen Venusberg und Jupiterberg und weist, wenn er entsprechend ausgeprägt ist, auf eine impulsive Handlungsweise und eine Neigung zur Unabhängigkeit hin, die manchmal als Überheblichkeit empfunden wird.

Verantwortungsbewusstsein ist den betreffenden Menschen nicht fremd – und Großzügigkeit gehört zu ihrem Wesen. Oft beanspruchen sie Führungsposition, und manche geben sich leider auch als Tyrannen. Menschen mit flachem Marsberg ist Frieden lieber als Erfolg.

Der Plutoberg ist außen am Handrand unter dem Merkurberg und über dem Mondberg zu finden. Er lässt eher auf ein rücksichtsvolles Wesen schließen. Ein Mensch mit stattlichem Plutoberg ist nicht so leicht aus der Ruhe zu bringen. Allerdings kann diese Ruhe auch in eine gewisse engstirnige Sturheit ausarten.

Nachdem Sie die Berge erkundet haben, wenden Sie sich den Verkehrswegen zu, den Linien in Ihrer Hand. Suchen Sie zunächst nach **der Lebenslinie.** Sie beginnt zwischen Daumen und Zeigefinger und führt um den Daumen herum in Richtung Handgelenk. Als besonders günstig gilt, wenn diese Linie keine Unterbrechungen aufzuweisen hat. Die werden nämlich als Warnung vor Krankheiten angesehen. Kleine Kreuzchen in der Linie weisen auf Gefahren für Leib und Leben oder Ehre hin. Spaltet sich die Lebenslinie, dann heißt das: Eine Krankheit steht bevor, wird aber gut überstanden. Als sehr günstige Zeichen gelten Sternchen auf der Lebenslinie.

Die Lebenslinie umrundet den Daumen und strebt dem Handgelenk zu. Ringförmig um das Handgelenk liegen **die**

Flechsenlinien, auch Raszetten genannt. Gelegentlich wird ein solcher Ring mit einer Zeitspanne von dreißig Jahren gleichgesetzt. Drei Ringe würden also ein zu erwartendes »Lebensmittel« von immerhin neunzig Jahren angeben. Es gibt jedoch keinerlei wissenschaftliche Bestätigung für diese Umrechnung. Regelmäßig geformte Ringe sollen auf Gesundheit hinweisen. Ist das Areal der Flechsenlinien von kräftig roter Farbe? Das bedeutet Glück. Vier Flechsenlinien weisen auf ein langes Leben in Ehren und bei anhaltender Gesundheit hin.

Die Herzlinie beginnt in der Regel (von seltenen Ausnahmen abgesehen) unterhalb des kleinen Fingers und strebt in etwa dem Zwischenraum zwischen dem Zeige- und dem Mittelfinger zu. Verläuft sie deutlich gerade, dann ist das ein gutes Zeichen und weist auf einen zärtlichen und liebevollen Menschen hin. Endet die Herzlinie unter dem Zeigefinger, dann bedeutet das: Fähigkeit zu großen Gefühlen.

Eine undeutliche, gekräuselte Herzlinie kann als Warnung gesehen werden, den Mitmenschen nicht kalt und herzlos zu begegnen. Für Menschen mit einer rötlichen Herzlinie ist eine gesunde Lebensweise besonders zu empfehlen, sowohl körperlich als auch psychisch. Zornesausbrüche sollten sie tunlichst vermeiden, besonders wenn Herz- und Kopflinie zu nah nebeneinander liegen. Bedeutsam ist der Verlauf der Herzlinie. Ist sie gerade und hat kaum kleine Abzweigungen vorzuweisen? Dann besteht eine Tendenz zu unpersönlicher Distanz, was als Herzlosigkeit ausgelegt werden könnte.

DIE KOPFLINIE beginnt zwischen Daumen und Zeigefinger. Manchmal hat sie den gleichen »Ausgangspunkt« wie die Lebenslinie, manchmal beginnen die beiden Linien parallel zueinander. Die Kopflinie endet zwischen dem kleinen Finger und dem Handgelenk. Wenn sich Herz- und Kopflinie einander nähern, ist dies eine Aufforderung zur Selbstreflexion: Lasse ich meine Gefühle vielleicht zu sehr vom Kopf bestimmen? Wie sieht es mit meinem Selbstbewusstsein aus? Mit der Ängstlichkeit? Mit meinem Verhalten Autoritätspersonen gegenüber?

Eine gerade, direkte Kopflinie verheißt ein vom Verstand geprägtes Leben. Das ist eine gute Voraussetzung für geschäftliche Erfolge. Die gegabelte Kopflinie deutet auf den Diplomaten hin, der sich gut in andere Menschen hineinversetzen kann und unterschiedliche Positionen unvoreingenommen auf Pro und Kontra überprüft. Eine unruhige, wie ein wilder Bach durch die Handfläche irrende Kopflinie weist auf einen Menschen hin, der als Geschäftsmann nicht die ideale Besetzung ist. Ist die Kopflinie auch noch verzweigt, gehört sie wahrscheinlich zu einem künstlerisch veranlagten Menschen.

Erfahrene Handlinienleser bestätigen: Menschen mit extrem einseitiger Begabung sind relativ selten. Das zeigt sich angeblich auch in den Linien der Hand. So sind die wenigsten Menschen ausschließlich Künstler oder Geschäftsleute.

DIE SCHICKSALSLINIE verläuft vom Handgelenk senkrecht nach oben. Je klarer und ausgeprägter sie ist, desto interessanter und abwechslungsreicher gestaltet sich das Leben.

Wenn diese Linie ganz fehlt oder nur schwach zu erkennen ist, bedeutet das zwar nicht zwangsläufig, dass das Leben öde und langweilig dahinplätschern muss, wohl aber, dass der Mensch darauf achten sollte, die Initiative zu ergreifen und es bewusst aktiver zu gestalten. Je tiefer die Linie am Handgelenk ansetzt, desto energischer und handlungsorientierter ist der Mensch. Je weiter oben sie beginnt, desto selbstbewusster gilt es, häufiger aufkeimende Selbstzweifel zu überwinden. Wieder kommt es hier auf den Kontext an. Eine Schicksalslinie, die sich der Lebenslinie deutlich nähert, vielleicht sogar förmlich von ihr aufgesogen wird, weist auf die große Bedeutung der Familie für den künftigen Lebensverlauf des betreffenden Menschen hin.

Die Glückslinie verläuft senkrecht zur Herzlinie und geht in Richtung Ringfinger. Je ausgeprägter sie ist, desto chancenreicher verläuft das Leben. Kreuzchen in dieser wichtigen Linie deuten auf einen Menschen hin, der Glück in der Liebe hat. Beginnt die Glückslinie sehr weit unten in der Nähe des Handgelenks, so muss dies als Warnung gedeutet werden. Macht man sein Leben vielleicht zu sehr von Mitmenschen abhängig? Zustimmung durch andere ist gut, sollte aber nicht bestimmend für das eigene Schicksal werden. Haben Glücks- und Schicksalslinie einen gemeinsamen Ausgangspunkt, so spricht das für Erfolg auf künstlerischem Gebiet. Nimmt die Glückslinie ihren Ausgang jedoch bei der Schicksalslinie, so unterstreicht das die Bedeutung der Schicksalslinie.

Der Venusgürtel klingt so schön nach Liebe, wird aber meist als Unglückszeichen gewertet. Er wölbt sich bogenförmig unter Ring- und Mittelfinger und steht – so erkennbar vorhanden – für mögliche dramatische Schicksalsschläge, auch und besonders in der Liebe. Er signalisiert aber auch: Bei aller Neigung zu Gefühlsaufwallungen – eine etwas besser durchdachte Lebensweise hilft vorbeugen.

Was die Linien verraten ... und was nicht

Bei der Interpretation der einzelnen Handlinien muss vor voreiligen Schlüssen gewarnt werden. Skepsis ist angebracht, wenn zum Beispiel aus der Lebenslinie ein konkreter Todeszeitpunkt errechnet wird. Eine kurze Lebenslinie ist kein Unglücksbote, der ein kurzes Leben prophezeit, wirft aber eine sehr wichtige Frage auf: Wie steht es um den Lebenswillen?

Wenn Sie eine kurze Lebenslinie haben, sollten Sie sich nach Ihrer Einstellung zum Leben fragen. Sind Sie unzufrieden und enttäuscht, weil Ihnen das Leben Ihrer Ansicht nach zu wenig schenkt? Sind Sie möglicherweise zu passiv? Vielleicht nutzen Sie Ihre Chancen zu wenig? Vielleicht machen Sie nicht genug aus Ihren Fähigkeiten? Überlegen Sie, was Sie können! Erforschen Sie die Potenziale, die Sie haben – und nutzen Sie sie! Fördern Sie Ihre eigenen Talente, auch wenn das nicht unmittelbar zu Resultaten führt, die sich in Euro und Cent berechnen lassen.

Unterbrechungen der Lebenslinie muss man nicht pessimistisch als drohende Schicksalsschläge verstehen und auch nicht als Warnungen vor schlimmen Erkrankungen oder Unfällen. Vielmehr ist dann zu überlegen, ob man nicht von bereits Geplantem abrücken und einmal ganz andere Chancen nutzen sollte als bisher.

Eine lange Lebenslinie ist wiederum keine klare Prognose für ein »langes Leben«. Die Botschaft ist allerdings durchaus positiv! Wenn Sie eine lange Lebenslinie haben, mag es zwar immer wieder Hindernisse geben, aber sie können sehr wohl aus eigener Kraft überwunden werden.

Eine gewellte Lebenslinie fließt wie ein Bach, der sich nicht so recht entscheiden kann, durch die Handfläche. Sie fragt zum Beispiel: Werden Probleme umschifft? Geht man Problemen aus dem Weg, statt sie anzupacken und zu lösen? Lässt man sich mehr von Zweifeln als von Überzeugungen leiten? Werden immer wieder auch widersprüchliche Entscheidungen gefällt? Dann tut eine Rückbesinnung auf das eigene Potenzial Not. Dann mag es erforderlich sein, den eigenen Weg entschlossener zu gehen und sich nicht zu stark von der Meinung anderer abhängig zu machen.

Ist Ihre Lebenslinie streckenweise mit der Kopflinie verwoben? Das ist ein Hinweis auf eine deutliche Vorprägung, etwa durch das Elternhaus, die Schule oder das gesellschaftliche Umfeld. Eine frühe Verkettung der beiden Linien spricht für eine hemmende Vorbelastung. Aber was heißt das? Die Handlinien offenbaren keinen festgeschriebenen Lebensweg, von dem nicht abgewichen werden kann, sondern weisen auf Chancen und Möglichkeiten hin. Wenn Ihre Lebenslinie und Ihre Kopflinie – besonders zu Beginn – wie ein Zopf ineinander verkettet sind, heißt das nicht, dass Ihr Leben bis ans Ende von einer Vorprägung bestimmt ist. Sie selbst entscheiden, wie Ihr Leben verläuft. Vielleicht hatten Sie eine harte Kindheit. Vielleicht wurden Sie wegen Ihrer künstlerischen Neigungen verspottet. Vielleicht sind Sie in einem autoritären Elternhaus aufgewachsen, wo man Ihnen alle Entscheidungen abnahm. Vielleicht wurden Sie nur belohnt, wenn Sie genau nach den Wünschen Ihrer Eltern lebten und handelten. Doch solchen Ballast können Sie nutzen, um Energie daraus zu gewinnen und dann nach Ihren Neigungen und Fähigkeiten zu leben.

Sie entscheiden: Sie können Ihr gesamtes Leben passiv verbringen und Ihre Kindheit beklagen. Oder sie nehmen – allen Schwierigkeiten zum Trotz – aktiv das Steuer Ihres Lebens in die Hand und bestimmen selbst, in welche Richtung es weitergeht.

Die Bezeichnung »Herzlinie« ist irreführend, so weit verbreitet sie auch sein mag. Es handelt sich hier um die Linie der Liebe, sondern um die des Gefühlslebens schlechthin. Eine stark ausgeprägte Herzlinie signalisiert ein reiches Gefühlsleben und wirft die Frage auf: Wird das Leben einseitig von Emotionen geleitet, so dass die Vernunft zu kurz kommt? Unterbrechungen in der Linie können auf Sprunghaftigkeit in Gefühlsdingen hinweisen und mahnen zu mehr Beständigkeit. Ist die Herzlinie kurz oder schwach, so verurteilt dies den Menschen keineswegs zu einem gefühlskalten Dasein, wie übrigens keine Linie dem Menschen ein unabänderliches Schicksal aufbürdet. Eine eher »unbedeutende« Herzlinie mahnt: Die Gefühle nicht verkümmern lassen! Keine Angst vor Emotionen – nicht vor der Liebe, nicht vor der echten Freundschaft, nicht vor dem »Bauchgefühl« bei wichtigen Entscheidungen!

Die Schicksalslinie ist bei manchen Menschen nur schwach ausgeprägt oder fehlt ganz. Andere wiederum haben eine sehr deutliche, förmlich in die Handfläche geschnittene Schicksalslinie. Was hat das zu bedeuten? Zunächst einmal sagt die Saturnlinie (wie die Schicksalslinie auch genannt wird) Wahres über den Umgang eines Menschen mit dem Schicksal aus. Wie sieht das bei Ihnen aus? Haben Sie eine »dicke« Schicksalslinie in der Hand, einen regelrechten »Grand Canyon«? Dann sollten Sie darüber nachdenken, ob Sie nicht manchmal ein wenig übertreiben: Der Schnupfen, der Sie peinigt, ist ja nicht wirklich ein erschütternder Schicksalsschlag. Könnte es sein, dass Sie Dinge – vielleicht aus Bequemlichkeit – einfach als »Schicksal« akzeptieren und damit die Chance vertun, ein Leben nach Ihrem Geschmack zu führen?

Die Saturnlinie weist auch in die Zukunft: Eine »dicke« Saturnlinie prophezeit Versagensängste, die immer wieder auftreten werden – so regelmäßig wie Ebbe und Flut. Doch nur, wenn der Mensch fatalistisch denkt und deshalb passiv bleibt, wird das zwangsläufig zu Misserfolgen führen. Mit Energie und Elan können Probleme immer aus der Welt geschafft werden!

Eine Saturnlinie, die sich verzweigt und aufgabelt, kündigt unterschiedliche Möglichkeiten an, die alle zum Erfolg führen können. Wenn sich die Linie auf ihrem Weg zum Mondberg wendet, sind die Gefühle für das Schicksal mitverantwortlich. Je mehr sie sich dem Mondberg annähert, desto stärker werden Emotionen das Schicksal bestimmen, je stärker sie dem Mondberg ausweicht, desto größere Chancen hat die Logik. Zielt sie schnurstracks auf den Jupiterberg, dann ist eine solide Ordnung die wichtigste »Schicksalsmacht«. Je mehr kleine Unterbrechungen die Schicksalslinie zu einer Straße aus vielen Einzelteilstücken machen, desto mehr Gelegenheiten werden sich bieten, innezuhalten, dem Leben eine neue Richtung zu geben und neue Chancen wahrzunehmen.

Der tiefere Nutzen für Ihr Leben

Auch auf dem Gebiet der Chiromantie gilt: Übung macht den Meister. Handlesen besteht keineswegs nur aus dem »Übersetzen« von Zeichen in Worte. Das kann ein entsprechend programmierter Computer auch. Sie aber haben selbst dem modernsten Computer etwas voraus: Geist und Seele. Sie können sich – je mehr Sie üben, desto besser – in die Handflächen vertiefen, die Sie vor sich haben. Sie können, was keine noch so »kluge« Maschine vermag: eine Informationsquelle anzapfen, die jedem Computer verschlossen bleibt. Rudolf Tischner (1879–1961), Augenarzt und Parapsychologe, spricht von »Steigrohren des Unbewussten«: Sie konzentrieren sich meditativ auf das abendliche Vogelgezwitscher, auf das Summen der Bienen, auf den Flügelschlag der Vögel, auf die am Himmel ziehenden Wolken ... oder auf die zerklüftete Linienlandschaft in ihren Händen. Und aus den tiefen Schichten Ihres Bewusstseins steigen Informationen auf, die Ihr Intellekt mit noch so viel Logik nicht ermitteln kann. Sie können Wichtiges aus Gegenwart und Zukunft erfahren, indem Sie das Alltagsbewusstsein ausschalten und eine andere Bewusstseinsebene erreichen.

In Indien galt schon vor Jahrtausenden: Alles ist Schwingung – Vergangenheit, Gegenwart und Zukunft. Wer es versteht, in die Welt der Schwingungen einzutauchen, kann sie in greifbare Informationen umwandeln – und Informationen über Vergangenheit, Gegenwart und Zukunft bekommen. Die alten Weisheitslehrer waren überzeugt, dass es eine Wirklichkeit jenseits unseres Alltags gibt, eine Welt, in der Kategorien wie »gestern«, »heute« und »morgen« völlig bedeutungslos sind.

Seit Jahrtausenden suchen Menschen nach Möglichkeiten, sich dieser anderen, übergeordneten Wirklichkeit zu nähern und in ihr zu lesen wie in einem Buch. Unzählige »Werkzeuge« wurden erarbeitet, die bei diesem Versuch hilfreich sein sollen. Die Chiromantie kann ein solches Werkzeug sein. Mit ihrer Hilfe können Sie in Bereiche der Wirklichkeit vorstoßen, die Ihnen bis dato unbekannt waren. Diese Reise in eine fremde und doch so nahe Welt kann sich als spannender erweisen als jede Reise zu exotischen Zielen auf unserem bekannten Globus.

Die Reise beginnt in der Fläche Ihrer Hand und führt Sie in Ihr innerstes Ich, wo Sie selbst wissen, was wirklich bedeutsam für Sie ist.

Wahrsagen und das wahre Glück

Indem Sie wahrsagen, versuchen Sie, das in Ihnen schlummernde Wissen zum Ausdruck zu bringen. Die Informationen, die Sie bekommen, ergeben sich aus der Paarung von Wissen und Intuition.

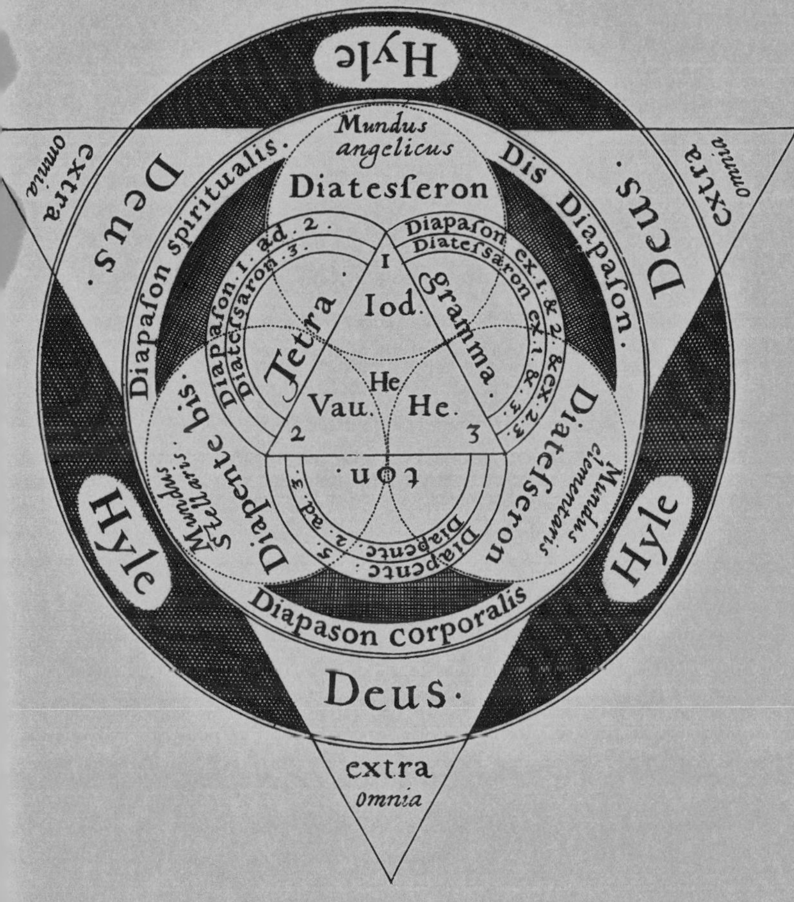

Hyle
Deus.
extra
omnia
Deus.
extra
omnia
Mundus
angelicus
Diatesseron
Diapason spiritualis.
Dis Diapason.
Diapason. 1. ad. 2.
Diatessaron. 3.
Diapason ex. 1. & 2. & ex. 2. 3.
Diatessaron ex. 1. & 3.
Tetra
grammma.
1
Iod.
He
Vau.
He.
2
3
ton.
Diapente bis.
Mundus
Stellaris
Diatesseron
Mundus
elementaris
Diapente
Diapente
Hyle
Hyle
Diapason corporalis
Deus.
extra
omnia

Ihre ganz persönliche Praxis

Der beste Zeitpunkt für Ihre Zukunftsschau

Im christlichen Europa hat sich eine Wahrsagetradition entwickelt, die auf uralten Überlieferungen basiert. Demnach gibt es im christlichen Kalenderjahr bestimmte Tage, die als optimal für eine Konsultation des »Übersinnlichen« gelten. Andere Tage werden als noch sehr gut geeignet angesehen. Und schließlich gibt es einige wenige Tage, an denen nach alter Tradition das Wahrsagen besser unterbleiben sollte. Jahrhundertelang war es besonders in der ländlichen Bevölkerung üblich, mit Mitteln des Wahrsagens Prognosen über das künftige Wetter zu erstellen. So versuchte man, eine möglichst optimale Ernte zu erreichen. Von der Ernte hingen ja Wohl und Wehe der Menschen ab.

Wenn Sie wahrsagen wollen, kann es hilfreich sein, besonders geeignete Tage für den Blick in die Zukunft zu wählen.

Ideale Tage zum Wahrsagen

1. Januar (Neujahr)
1. bis 6. Januar (Raunächte)
25. Januar (St. Pauli Bekehrung)
2. Februar (Mariä Lichtmess)
24. Februar (Matthias)
17. März (Gertrud)
25. März (Mariä Verkündigung)
25. April (Markus)

1. Mai (Philipp und Jakobi)
11. Mai (Mamertus)
12. Mai (Pankratius)
13. Mai (Servatius)
14. Mai (Bonifatius)
24. Juni (Johannes der Täufer)
27. Juni (Siebenschläfer)
25. Juli (Jacobus)
24. August (Bartholomäus)
21. September (Matthäus)
30. November (Andreastag)
21. Dezember (Thomastag)
24. Dezember (Heiliger Abend)
31. Dezember (Sylvester)

Gute Tage zum Wahrsagen

15. Januar (Paul der Einsiedler)
17. Januar (Antonius)
20. Januar (Fabian, Sebastian)
22. Januar (Vincenz)
31. Januar (Petrus)
3. Februar (Blasius)
5. Februar (Agathe)
6. Februar (Dorothea)
12. Februar (St. Eulalia)
14. Februar (St. Valentin)
18. Februar (Simeon)
22. Februar (Petri-Stuhl-Feier)

28. Februar (St. Roman)
10. März (Vierzig Märtyrer)
12. März (Gregor)
19. März (Josefi)
21. März (Benediktus)
3. April (Christian)
14. April (Tiburtius)
15. April (Olympia)
23. April (Georg)
24. April (Adalbert)
28. April (Vitalis)
30. April (Walpurgisnacht)
4. Mai (Florian)
11. Mai (Mamerz oder Mamertus)
25. Mai (Urban)
1. Juni (Justin)
2. Juni (Eugen)
5. Juni (Bonifatius)
8. Juni (Medardus)
10. Juni (Königin Margareta)
11. Juni (Barnabas)
13. Juni (St. Anton)
15. Juni (Vitus)
16. Juni (Benno)
19. Juni (St. Gervasius)
22. Juni (Tausend Ritter)
26. Juni (Johannes und Paul)
29. Juni (Peter und Paul)

31. Juni (St. Gervasius)
2. Juli (Mariä Heimsuchung)
4. Juli (Ulrich)
8. Juli (St. Kilian)
10. Juli (Sieben Brüder)
13. Juli (Margareta)
15. Juli (Apostel Teilung)
19. Juli (St. Vinzenz)
20. Juli (Margret)
22. Juli (Maria Magdalena)
26. Juli (Anna)
31. Juli (Ignaz)
4. August (Dominikus)
5. August (Oswald)
10. August (Laurentius)
13. August (Kassian)
15. August (Mariä Himmelfahrt)
16. August (St. Rochus)
20. August (Bernhard)
1. September (Aegidius)
6. September (St. Magnus)
8. September (Mariä Geburt)
9. September (St. Gorgon)
11. September (St. Protus)
14. September (Kreuzerhöhung)
17. September (Lambert)
25. September (St. Kleophas)
29. September (Michaeli)

2. Oktober (Leodegar)
9. Oktober (Dionysius)
16. Oktober (Gallus)
20. Oktober (Wendelin)
21. Oktober (Ursula)
28. Oktober (Simon und Juda)
31. Oktober (Wolfgang)
1. November (Allerheiligen)
3. November (St. Hubertus)
6. November (Leonhardi)
11. November (St. Martin)
15. November (St. Leopold)
19. November (Elisabeth)
21. November (Mariä Opferung)
23. November (Clemens)
25. November (Katharina)
2. Dezember (Bibiane)
4. Dezember (Barbara)
6. Dezember (St. Nikolaus)
13. Dezember (Luzia)
17. Dezember (St. Lazarus)
25. Dezember bis 31. Dezember (Raunächte)

Gute Wahrsagetage sind auch die folgenden beweglichen Festtage

Fastnacht, Aschermittwoch, alle fünf Fastensonntage, Palmsonntag, Gründonnerstag, Karfreitag, Christi Himmelfahrt, Pfingsten, Fronleichnam und das Dreifaltigkeitsfest

Ungeeignete Tage für das Wahrsagen

1. März, 1. April, 1. August und 1. Dezember

Die innere Haltung und die Erwartung

Im Sport gibt es gravierende Unterschiede zwischen dem Hobby-Sportler und dem Profi. Nur die wenigsten Menschen sind in der Lage, Weltrekorde aufzustellen. Das gilt auch für die Kunst des Wahrsagens. Der Hobby-Sportler kann trainieren und seine Leistungen verbessern. Der Hobby-Handwerker kann üben und seine Fähigkeiten verbessern. Jeder Mensch kann seine hellseherischen Kräfte entdecken und sie durch regelmäßiges Üben verbessern. Gewiss, aus einem Hobby-Sportler wird in den seltensten Fällen ein Weltrekordler, auch wenn er noch so hart trainiert. Das gilt auch für die Kunst des Wahrsagens. Auch noch so intensives Üben macht aus den meisten »Hobby-Wahrsagern« keinen zweiten Nostradamus. Dennoch lohnt es sich, die eigenen intuitiven Fähigkeiten zu fördern und den Wahrsager in sich selbst zu entdecken. Das führt auf jeden Fall zu Selbsterkenntnis und kann im täglichen Leben von Nutzen sein.

Wahrsagen basiert zunächst einmal auf Ihren eigenen Erfahrungen, aus denen Sie gelernt haben. Hinzu kommt Ihre intuitive Menschenkenntnis.

Und ganz konkret bedeutet Wahrsagen:
Sie müssen versuchen, das in Ihnen schlummernde Wissen zum Ausdruck zu bringen.

Die Informationen, die Sie bekommen, ergeben sich aus der Paarung von Wissen und Intuition.

Doch leider nehmen wir alle in der Hektik des Alltags so viele – meist unnütze – Eindrücke auf, dass wir unsere wahrsagerischen Ahnungen oft gar nicht mehr wahrnehmen können. Es geht also zunächst darum, zur Ruhe zu kommen, störende Einflüsse auszuschalten und auf die innere Stimme zu hören. Und das lässt sich üben.

Auf dem Weg des Wahrsagens lässt sich nichts erzwingen. Suchen Sie in Ruhe und Gelassenheit nach der Stille, in der Sie Ihre innere Stimme hören können. Sie mögen vielleicht den Eindruck haben, dies sei in unserer hektischen Zeit schwieriger geworden, weil es überall so laut ist und wir verlernt haben wirklich zuzuhören. Doch selbst in der größten Hektik ist es möglich, zur Ruhe zu kommen – wie ein Fels in der Brandung zu sein. Und in dieser Stille können Sie den Weg finden, der Sie zu Ihrem wirklichen Ich führt.

Äußere Ordnung – innere Ordnung

Uraltes esoterisches Wissen besagt, dass äußere Ordnung zu einer größeren inneren Ordnung führt. Im Klartext heißt das:

Indem Sie Ihre nähere Umgebung in Ordnung bringen, schaffen Sie auch Ordnung in Ihrem Inneren. Indem Sie äußere Unordnung beseitigen, schaffen Sie innere Ordnung.

Nehmen Sie dieses positive Gefühl mit ins Bett, wenn Sie sich abends zur Ruhe begeben. Suchen Sie eine entspannte, bequeme Haltung. Atmen Sie ruhig ein und aus. Und lassen Sie vor Ihrem geistigen Auge Wünsche aufkommen, die Ihnen wichtig sind.

Positives Wahrsagen heißt auch, mit der Kraft der Gedanken die eigene Zukunft zu gestalten. Je klarer Sie ein konkretes Wunschbild Ihrer Zukunft vor Augen haben, desto wahrscheinlicher ist es, dass Sie dieses Ziel auch wirklich erreichen.

Richten Sie Ihr Augenmerk auf Ihre nähere Umgebung. Sie werden erkennen, wo Sie »Kleinigkeiten« ändern können, damit Sie sich wohler fühlen. Fangen Sie im Kleinen an: Beseitigen Sie, was Unwohlsein erzeugt. Sprechen Sie sich mit der Nachbarin aus. Schaffen Sie einen Streit aus der Welt. So verändern Sie Ihre unmittelbare Umwelt, so schaffen Sie wohltuende Harmonie um sich herum.

Sie konzentrieren sich auf Ihren Wunsch, Ordnung und Ruhe zu schaffen, und verwirklichen diesen Wunsch. Sie erleben, wie Ihr Wille Veränderungen erreicht, nicht mit Zauberspruch und Zauberstab, sondern durch Ihre eigene Tatkraft. Sie erkennen, dass Sie selbst Ihr Leben verändern. Sie spüren, wie Ihre geistige Kraft bessere Bedingungen für ein besseres Leben ermöglicht. Ihnen wird klar, dass Sie die Dinge aktiv verändern können. Sie können damit aufhören, die Schuld für missliche Situationen immer bei anderen zu suchen, die Ihre Entwicklung angeblich stören. Sie gestalten Ihr ganz persönliches Umfeld nach Ihren Wünschen – und

Sie werden sehen, wie damit auch weiter reichende Wünsche in Erfüllung gehen.

Konzentrieren Sie Ihre Willenskraft also zunächst auf Ihr nächstes Umfeld und vor allem auf sich selbst. Seien Sie ehrlich zu sich selbst und Sie werden erkennen, was Sie stört – auch Ihre Fehler und Unzulänglichkeiten. Wo verhalten Sie sich falsch?

Verändern Sie Ihre unmittelbare Umgebung und Ihr eigenes Verhalten – und Sie werden sehen, wie Sie sich selbst zum Positiven verändern und wie Ihre positiven Zukunftsbilder Wirklichkeit werden.

Divination – eine religiös-spirituelle Kunst

So unterschiedlich die Methoden des Wahrsagens auch sein mögen, sie haben alle ein gemeinsames Ziel: Sie öffnen uns die Tür in eine verdrängte und vergessene Wirklichkeit. Wenn Sie sich dieser anderen Realität nähern, bedenken Sie bitte: Formen des Wahrsagens finden sich in allen Kulturen und Religionen – und sie haben stets einen religiös-spirituellen Kern.

Divination, einer der ältesten Fachbegriffe für »Wahrsagen« ist abgeleitet von dem lateinischen Wort divinus, *das »Göttliche«.*

Daher sollten Sie das Wahrsagen nie als witzige Unterhaltung zum Zeitvertreib betreiben, sondern dieser jahrtausendealten Kunst stets mit Respekt und Achtung begegnen.

Das heißt konkret: Bereiten Sie sich gründlich vor, bevor Sie mit dem eigentlichen Weissagen beginnen. Informieren Sie sich über die unterschiedlichen Methoden und lassen Sie sich Zeit dabei. Entscheiden Sie sich schließlich intuitiv für die Methode, die Ihnen am angenehmsten ist. Bevor Sie ans Werk gehen, sollten Sie die gewählte Methode gründlich studieren.

Es empfiehlt sich, einen ruhigen Ort auszuwählen, an dem Sie absolut ungestört sind. Neugierige oder gar spöttelnde Beobachter sind alles andere als eine gute Voraussetzung für die Kunst des Wahrsagens. Ziehen Sie sich also an einen Ort der Stille und der Kontemplation zurück, wenn Sie weissagen möchten.

Eine neue Weltsicht

Wie funktioniert die uralte Kunst des Wahrsagens? Wie kann es möglich sein, dass ein Mensch Informationen aus der Zukunft erhält, zum Beispiel im Traum? Wie konnte Edgar Cayce in Trance die exakte Zusammenstellung eines lebensrettenden Medikaments diktieren, das es damals ja noch gar nicht gab? Sollte es tatsächlich eine Möglichkeit des Informationsaustausches geben, die bis heute weitestgehend unerforscht geblieben ist? Oder kennen wir die Antworten auf all diese Fragen bereits, wollen sie aber nicht akzeptieren, weil sie mit unserem rein materiellen Weltbild nicht in Einklang zu bringen sind?

Lange bevor die heute gängigen monotheistischen Religionsformen entstanden, glaubten die Menschen, dass alle Dinge beseelt seien.

Die Wissenschaft bezeichnet diese frühe Glaubensform mit dem Begriff Animismus, der auf das lateinische Wort *anima* (Seele) zurückgeht. Ist diese Denkweise falsch, weil sie ursprünglich ist – und von der Wissenschaft gern als »primitiv« bezeichnet wird?

Vor rund zweieinhalb Jahrtausenden äußerten die Philosophen Pythagoras und Platon einen Gedanken, der nur theoretischen Wert zu haben schien. Beide waren davon überzeugt, dass Zahlen in gleicher Weise wie Ideen als selbstständige Wesen real sind. Oder anders ausgedrückt: Zahlen sind keine inhaltslosen Mengenbeschreibungen, sondern existieren wie Ideen unabhängig von der Materie. Das würde bedeuten, dass es neben der physischen Realität (bestehend aus Materie) noch eine weitere Wirklichkeit gibt, die mit unseren fünf Sinnen nicht wahrgenommen werden kann.

Rupert Sheldrake (geboren 1942) studierte Biologie in Cambridge und Philosophie an der Harvard University. Ihn interessierte, wie Pflanzen und Lebewesen überhaupt ihre Form erhalten, und er kam auf die so genannten morphogenetischen (Form bildenden) Felder. Sheldrakes Konzept unterscheidet sich nicht grundlegend von der antiken Wissenschaftstheorie. Vielmehr vertritt er zweieinhalb Jahrtausende nach den griechischen Denkern eine vergleichbare These:

Unabhängig von der Materie gibt es energetische Felder, die als die eigentlichen Speicher der Erbinformationen angesehen werden müssen und nach denen sich die Materie formt.

Und mehr noch: Alle morphogenetischen Felder einer Art stehen, so Sheldrake, miteinander in Resonanz. Das heißt: Informationen können auf eine Art und Weise übermittelt werden, die übersinnlich zu sein scheint.

Ein Beispiel: Auf einem einsamen Südseeeiland entdeckt Affe Kasimir durch Zufall, wie man mit Hilfe eines Steines eine Kokosnuss aufschlagen kann. Es entsteht ein morphogenetisches Feld mit der entsprechenden Information. Auch Kasimirs Kollegen erlernen die Kunst des Kokosnussknackens, und das morphogenetische Feld wird stärker – bis plötzlich weltweit alle Affen die Kunst beherrschen, die Kasimir zufällig entdeckt hat.

Oder: Der Schüler Peter lernt mühsam ein Gedicht. Dadurch entsteht ein morphogenetisches Feld. Je mehr Menschen dieses Gedicht lernen, desto leichter fällt es ihnen, weil das entsprechende Feld immer stärker wird. Was aber verbindet den Affen Kasimir mit seinen Kollegen? Wodurch ist der Schüler Peter mit allen anderen Auswendiglernern verbunden, ohne dass die räumliche Entfernung dabei eine Rolle spielt? Was ist ein morphogenetisches Feld? Nach Sheldrake entspricht es am ehesten dem, was wir in der westlichen Tradition Seele nennen. Die Seele ist, so Sheldrake, das Prinzip, das lebende Wesen organisiert. »Die Seele ist ein grundlegendes, organisierendes Prinzip der Natur, unsichtbar, vergleichbar mit einem magnetischen Feld.«

Von der Wirklichkeit einer Seele waren die Animisten schon vor vielen Jahrtausenden überzeugt. Und auch die Philosophien unserer Vorväter stimmen in diesem Punkt überein: Es gibt so etwas wie die unsichtbare, physisch nicht erfassbare Seele. Unsere Zeit hat sich immer mehr dem Materialismus zugewandt. Immer mehr Menschen scheinen das »Übersinnliche« zu leugnen und nur noch an das »Materielle« zu glauben. Doch die scheinbaren Gegensätze sind durchaus überbrückbar. Was die einen eher religiös als Seele bezeichnen, das nennt Sheldrake eher materialistisch-wissenschaftlich morphogenetisches Feld. Doch gleichgültig ob man von »Energiefeld« oder von »Seele« spricht, offenbar ist über diese Brücke eine Verbindung möglich, für die Distanz – räumlich und zeitlich – keine Rolle spielt.

Ist das des Rätsels Lösung? Konnte Edgar Cayce mit Hilfe eines morphogenetischen Feldes Ideen abrufen, die irgendwo auf der Welt gedacht wurden? Konnte er so die Zusammensetzung eines Medikaments abrufen, das sich noch im Stadium der Erprobung befand?

Noch sind Sheldrakes Thesen bei weitem nicht so eingehend erforscht worden, wie sie es verdient hätten. Sie könnten zu einer völlig neuen Weltdeutung führen, zu einer Weltsicht, die das Verbindende und nicht das Trennende betont.

Wir Menschen des beginnenden dritten Jahrtausends haben keinen Grund, auf die »primitiven« Anfänge der Menschheit herabzublicken. Im Gegenteil:

Im Animismus sahen die Menschen nicht das Trennende, sondern das Einende. Für sie gab es keinen Unterschied zwischen Materie und Geist. Beides wurde als gleichermaßen real verstanden – das greifbare Sichtbare wie das ungreifbare Unsichtbare.

Bei den Azteken und den Maya beispielsweise gab es keine künstliche Trennung zwischen Mystik, Magie und Materie. Der Mensch wurde nicht als Gegenstück des Göttlichen verstanden. Vielmehr gingen himmlische und irdische Welt ineinander über. Während magischer Rituale wurde die Grenze zwischen dem Sichtbaren und dem Unsichtbaren aufgehoben. Die scheinbar unverrückbaren Grenzen zwischen dem Spirituellen und dem Materiellen, zwischen Menschen und Göttern lösten sich auf. Was in alten Kulturen ganz selbstverständlich gewesen war, forderte der Physikprofessor und Philosoph Fritjof Capra in den achtziger Jahren des 20. Jahrhunderts: Man müsse die Wirklichkeit trotz vielfältiger Erscheinungsformen wieder als Einheit sehen. Strenge Naturwissenschaft und Mystik sollten mit vereinten Kräften versuchen, der Realität wirklich auf den Grund zu gehen. Physik und Philosophie, so Capra, müssten gleichberechtigt unser Denken bestimmen.

Das Orakel ist überall

Jahrtausendelang wurden an mystischen Orakelstätten oft komplizierte Rituale vorgenommen, um die Tür zur Anderswelt, zum Unsichtbaren, sonst nicht Zugänglichen zu öffnen. Doch die alten Kulte werden schon lange nicht mehr praktiziert, die geheimen Rituale sind in Vergessenheit geraten und die einst heiligen Orte sind nur noch Programmpunkte auf den Reiseplänen mehr oder minder esoterisch angehauchter Touristen.

Das können Sie bedauern, Sie können aber auch zu der Erkenntnis gelangen, dass es *das* richtige Ritual in der Welt des Wahrsagens ohnehin nicht gibt. Suchen und finden Sie das für Sie richtige Vorgehen. Vielleicht möchten Sie, bevor Sie mit dem Wahrsagen beginnen, ein Gebet sprechen, um eine Grenze zur profanen Alltagswelt zu setzen. Vielleicht möchten Sie eine Weile in Ruhe verharren, Musik hören oder eine Melodie summen. Vielleicht möchten Sie ein paar Worte des Dankes sprechen – dafür, dass Sie wahrsagen und lernen dürfen. Vielleicht hilft es Ihnen, wenn Sie stets an einem bestimmten Wochentag zu einer bestimmten Zeit an einem bestimmten Ort wahrsagen. Oder Sie folgen einfach Ihrer inneren Stimme.

Den richtigen Weg, der für alle gangbar ist, gibt es nicht. Wahrsagend finden Sie Ihren Weg.

Es gibt auch nicht *die* allgemein gültige Weltdeutung, der sich jeder blind zu unterwerfen hat. Nur in autoritären Diktaturen werden explizite Weltdeutungen zur Norm erklärt. Jeder hat der Norm zu genügen, jeder hat den Hütern der Norm zu gehorchen. Doch viel besser als solche aufgenötigten Verhaltensweisen ist ein liebevolles Leben im Einklang mit gewissen moralischen Grundprinzipien. Wenn Sie so leben, werden Sie nicht nur erkennen, wo es – womöglich in Ihrer nächsten Umgebung – Probleme gibt, sondern auch, wie Sie mit Ihren Fähigkeiten dazu beitragen können, diese Probleme zu lösen.

Wahrsagend verändern Sie Ihre Weltsicht und erweitern Ihren Horizont. Sie erkennen sich als wichtiges Glied einer Kette und nehmen die Wirklichkeit in ihrer Gesamtheit wahr, einschließlich der geistigen Komponente. Sie sehen die Welt als eine große Einheit, in der alles miteinander verbunden ist.

Sie lernen wieder zu hören: auf das Zwitschern der Vögel, das Rauschen eines Bächleins, das Summen eines Insekts, das Brummen eines LKWs. Sie werden Ihre Intuition wieder wahrnehmen und aktiv handeln, statt fremden Befehlen auszuführen.

Einer uralten Legende zufolge schrieb die berühmte Sibylle von Cumae (in der Nähe von Neapel) ihre Orakelsprüche auf Blätter: Wort für Wort, auf jedes Blatt ein Wort. Diese ungewöhnliche Bibliothek deponierte sie im Eingang ihrer Höhle. Dann und wann kam ein Sturm auf und trug die Blätter mit sich fort. Die Menschen, die diese Blätter fanden, mussten sie zusammenfügen, um die Botschaft des Orakels zu verstehen. Die Botschaft der Legende ist klar: Überall gibt es Orakel. Der

Mensch muss sie nur finden und verstehen. Um im Bild zu bleiben: Allen Menschen weht der Wind die Orakelblätter der Sibylle von Cumae um die Füße. Viele, vielleicht die meisten, beachten sie nicht. Es liegt an Ihnen, ob Sie sie aufheben oder nicht. Sie entscheiden, ob Sie auf die Stimme des Orakels hören oder nicht. Und Sie sind es selbst, der das Orakel interpretiert. Sie können Ihr eigenes Orakel sein.

So wie der Wind die Blätter des Orakels der Sibylle von Cumae in Ihren Weg wehen mag, so bieten sich Ihnen tagtäglich zahllose Möglichkeiten des Wahrsagens. Sie müssen nur dazu bereit sein.

Wahrsagend erkennen Sie, dass es in der Tat mehr Dinge zwischen Himmel und Erde gibt, als unsere Schulweisheit ahnen lässt. Sie lernen, wieder Achtung vor der ganzen Schöpfung zu haben. Sie akzeptieren, dass es viel mehr gibt als das, was wir heute erklären und begreifen können. Sie leugnen das Unbegreifliche nicht mehr und empfinden eine unendliche Ehrfurcht vor der Gesamtheit des Seins. Sie finden zu einer neuen Weltsicht, die sich immer wieder ändern kann, je besser Sie die Kunst des Wahrsagens beherrschen.

Albert Einstein sagte: »Man muss die Welt nicht verstehen. Man muss sich darin zurechtfinden.« Man kann versuchen, die Kunst des Wahrsagens zu verstehen, aber möglicherweise bleibt sie immer rätselhaft. Sicher aber ist, dass man sich mit Hilfe des Wahrsagens wesentlich besser in der Welt zurechtfinden kann als ohne.

Literatur

Die Literatur zum Thema Wahrsagen hat gigantische Ausmaße angenommen. Im Verlauf der letzten Jahrhunderte wurden unzählige Werke verfasst, die riesige Bibliotheken füllen. Das folgende Literaturverzeichnis führt eine Auswahl grundlegender Werke an, auf die sich das vorliegende Buch stützt. Als wichtigstes Kriterium für die Auswahl wurde die Verfügbarkeit gewählt. In den aufgeführten Werken gibt es weiterführende Informationen zu Themen, die im vorliegenden Buch teilweise nur angeschnitten werden konnten. Außerdem finden sich auch noch weiterführende Literaturhinweise, die für ein intensives Studium der angesprochenen Themen unentbehrlich sind.

Alink, Frank: *Die Geheimnisse der Numerologie*, Aitrang 1996

Ansha: *Geomantie. Die Kraft der Erde*, München 2002

Ansha: *Schwarze Magie*, München 2001

Ansha: *Weiße Magie. Das große Praxisbuch*, München, 8. Auflage 2003

Banzhaf, Hajo: *Das Crowley-Tarot*, München 1991

Becker, Udo: *Lexikon der Astrologie*, Herrsching 1988

Blofeld, John: *Das Buch der Wandlung*, Frankfurt 2002

Brown, Sylvia: *Das Buch der Träume*, München 2003

Burghardt, Marlies: *Lebensbaum-Tarot*, Güllesheim 2000

Burghardt, Marlies: *Tarot und Lebensbaum*, München 1993

Capra, Fritjof: *Verborgene Zusammenhänge*, München 2002

Capra, Fritjof: *Wendezeit*, München 2004

Charon, Jean: *Der Geist der Materie*, Wien 1979

Charon, Jean: *Der Sündenfall der Evolution*, München 1997

Cheiro: *Das Buch der Zahlen*, Freiburg 1994

Dahlke, Rüdiger: *Das senkrechte Weltbild. Symbolisches Denken in astrologischen Urprinzipien*, Berlin 2005

Edinger, Roswitha: *Träume, Seelenbotschaften und Zukunftsvisionen*, München 1999

Eisler-Mertz: *Die Kunst der Handdeutung. Mit praktischem Übungsteil*, München 2003

Engelmann, Gunnar: »Die Kristallkugel enthüllt Ihre Zukunft«, *Das Neue Zeitalter*, Nr. 26/1984

Fink, Georg: *Traumsymbole Lexikon*, München 2002

Freud, Sigmund: *Die Traumdeutung*, Frankfurt 1992

Graf, Claudia: *Astro Guide*, Stuttgart 2004

Graf, Claudia: *Der chinesische Tierkreis*, Stuttgart 2004

Grasse, Elen: *Traum, Tod, Transzendenz*, München 1994

Graveleine, Joelle de: *Tierkreiszeichen, Aszendent und Charakter*, München 2000

Greene, Brian: *Das elegante Universum*, Berlin 2004

Haman, Brigitte: *Die zwölf Archetypen*, München 1961

Hitchcock, Helyn: *Das Glück Ihrer Zahlen. Selbsthilfe durch Numerologie*, München 1987

Hitchcock, Helyn: *Das große Buch der Numerologie*, München 1999

Hitchcock, Helyn: *Zahlen, die Ihnen Glück bringen*, München 1990

Hoffman, Detlef: *Die Welt der Spielkarte*, München 1972

Jacobi, Eleonore: *Das Praxisbuch der Numerologie*, München 2003

Jacobi, Eleonore: *Numerologie*, München 1999

Koch, Rhea: *Wahrsagen mit Karten*, Darmstadt 2005

Koch, Werner: *Das Handlese-Handbuch*, Aitrang 2003

Langbein, Walter: »Befragen Sie das Runen-Orakel«, *Bio*, 3/1990

Langbein, Walter: *Die Geheimnisse der sieben Weltreligionen*, Berlin 2005
Langbein, Walter-Jörg: *Lexikon der biblischen Irrtümer*, München 2004
Leuenberger, Hans-Dietrich: *Schule des Tarot, Band 2. Der Baum des Lebens*, Freiburg 1993
Linn, Denise Whitefeather: *Ein Kissen voller Träume*, Neuwied 1994
Ludwig-Verlag: *Das große Handbuch der Astrologie*, München 1996
Lyons, Albert S.: *Der Blick in die Zukunft. Das große Buch vom Wahrsagen*, Köln 2004
McElroy, Mark: *I Ging für Einsteiger*, Lotos, München 2006
Prignitz, Eva: *Feng Shui*, Rastatt 2002
Ripota, Peter: *Bildlexikon der Handlesekunst*, Rastatt 2005
Röbkes, Marion: *Handbuch der Großen Lenormand-Wahrsagekarten*, Aitrang 2005
Röbkes, Marion: *Wahrsagen mit Skatkarten*, Aitrang 2001
Ruzha, Yvette: *Kartenlegen im Handumdrehen*, München 1998
Schäfer, Hildegard: *Brücke zwischen Diesseits und Jenseits. Theorie und Praxis der Transkommunikation*, Freiburg 1989
Schüle, Carmen: *Handlesen leicht gemacht*, Güllesheim 1999
Senkowski, Ernst: *Instrumentelle Transkommunikation*, Frankfurt 1995
Silver, Jules: *Numerologie*, München 1998
Speck, Josef: *Grundprobleme der großen Philosophen*, Stuttgart 2001
Spiller, Jan: *Astrologie und Seele. Wo kommst Du her, wo gehst Du hin?*, München 2001
Stern, Jesse: *Edgar Cayce: The sleeping prophet*, New York 1967
Tenhaeff, W. H. C.: *Der Blick in die Zukunft*, Berlin 1976
Ton, Jan: *Tarot-Labyrinth (Spiel)*, Güllesheim 2003

Vollmar, Klausbernd: *Kurs in Traumdeutung (mit CD-Rom)*, Königsfurt 2005
Wilhelm, Richard (Übers.): *I Ging*, München 2003
Wing, R. L.: *Das Arbeitsbuch zum I Ging*, München 2004
Wolf, Katja: *Der kabbalistische Baum*, München 1989
Wolff, Charlotte: *Die Hand als Spiegel der Seele*, Reinbek 1998
Wolff, Charlotte: *Woran die Menschen glauben*, Berlin 2005
Zehl, Hermine M.: *Grundkurs Astrologie*, München 1998
Zimmermann, Georg: *I Ging leicht gemacht*, München 2002
Zoller, Robert: *Astrologie und Zahlenmystik*, München 1989